"Dame Tan Sólo Paz"

O

"Me Puse a Soñar"

Recordando a Miró

Poesías en Español e Inglés

por

Ricardo Lasso

OTRAS PUBLICACIONES DE RICARDO LASSO

1. *Aquí Europa…*
2. *Los Estados Unidos del Norte y Los Des-Unidos del Sur*
3. *USA vs General Noriega - ¿Amigo o Enemigo?*
4. *Vida y Obra de un Abogado*
5. *La Democracia Histórica y América Latina*
6. *Democracy on Trial: The Case for the Defense*
7. *The American Anglo -Saxon Democracy*

Pronto Ricardo Lasso y su Hija, Dr. Jilma Lasso, producirán un nuevo libro de poesías.

DERECHOS DE AUTOR

DEDICATORIA

A la memoria de mi abuelo paterno y padrino, Pedro Alberto Lasso, hombre de mal carácter y poca paciencia con los indolentes y falsos, pero honrado hasta la médula de sus huesos.

INDICE

CÓMO SURGIÓ ESTE LIBRO DE POESÍA

A pesar de que siempre admiré y disfruté la poesía, durante mis años como estudiante que no terminaron hasta obtener mi *Post Grado Académico en Derecho* en London School of Economics and Political Science, nunca tuve tiempo disponible para cultivar este bello arte.
Tampoco dispuse de esa oportunidad mientras me dediqué al ejercicio de la abogacía, serví como asesor económico Ad Honorem a distintas organizaciones nacionales y ejercí la cátedra universitaria en Panamá.

Pero mi vida cambiaría completamente cuando tuve que acogerme al exilio político, luego que el Gobierno Militar que se mantuvo en el poder por veintiún años, dos meses y nueve días, pusiese fuego a mi despacho de abogado y me persiguiera amenazante en distintas formas, hasta citarme al cuartel principal de las fuerzas armadas panameñas a finales del año 1983.

Fue entonces cuando dispuse de tiempo para consagrarme al estudio de temas histórico-políticos que siempre me habían interesado y tratar de comprender mejor la evolución (e involución) de la democracia política en Europa y las Américas.
Primero en Caracas y luego en Miami y la Ciudad de Washington pude permanecer por mucho tiempo en algunas de las mejores bibliotecas del mundo, incluída la Biblioteca del Congreso, y dedicado al estudio de esos temas y, también consecuentemente a la preparación de varios libros en Español e Inglés.

Incluso ya en Londres, dentro de la entonces Biblioteca Nacional del Museo Británico, y como una pausa en el estudio de voluminosos textos legales, había comenzado a tratar de comprender mejor la evolución política anglo-sajona, hasta los días entonces recientes de la Segunda Guerra Mundial y los discursos correspondientes del Primer Ministro Winston Churchill.

Con todo, fue durante los muchos años transcurridos en el exilio cuando dispuse del tiempo y la relativa paz mental indispensables para enfocarme en diversos aspectos de mi experiencia vivida y que ahora dejo reflejados en los versos que dejo transcritos.   Una experiencia que considero rica y variada por cuatro continentes y que se encuentra reflejada en poemas como Ego Sum y Oda a la Patria Chica, dedicada a la población de El Cristo de Aguadulce.

FORWARD

It's often been said that one never knows what he has until it is lost. Nothing could be truer than what my friend, Ricardo Lasso, lost. Living in Panama as a prosperous attorney defending the rights of others, he was chased out at knifepoint by that country's dictator. For the next several years he lived as a political refugee until he and his family could settle in the United States.

His journeys, however, proved to be the forge that hardened his love of democracy and its liberties. He had become enamored with it as a student in England.   He then defended these freedoms' principles until they were ripped from him. When they were returned to him Ricardo resolved to explain to free people everywhere what a wonderful gift they have and how liberty must be defended along each step of the way. He has kept his promise.

This book of poetry is Ricardo's eighth expression of that commitment. Writing in both Spanish and English he has recounted how ancient tribal traditions of democracy were passed down to English kings and serfs. He contrasts these legacies with the consequences of Roman autocracy in the continental nations. Both traditions came to the Americas: democracy in the north and autocracy in the south. In the former, the common man can complain and freely demand change; in the south, stoic suffering frequently prevails.

So read Ricardo's poetry with joy but remember that freedom is never free. It demands vigilance that never sleeps. To doze is to lose a priceless heritage.

Lloyd H. Muller, Ed.D.

SECCIÓN I – LA PATRIA

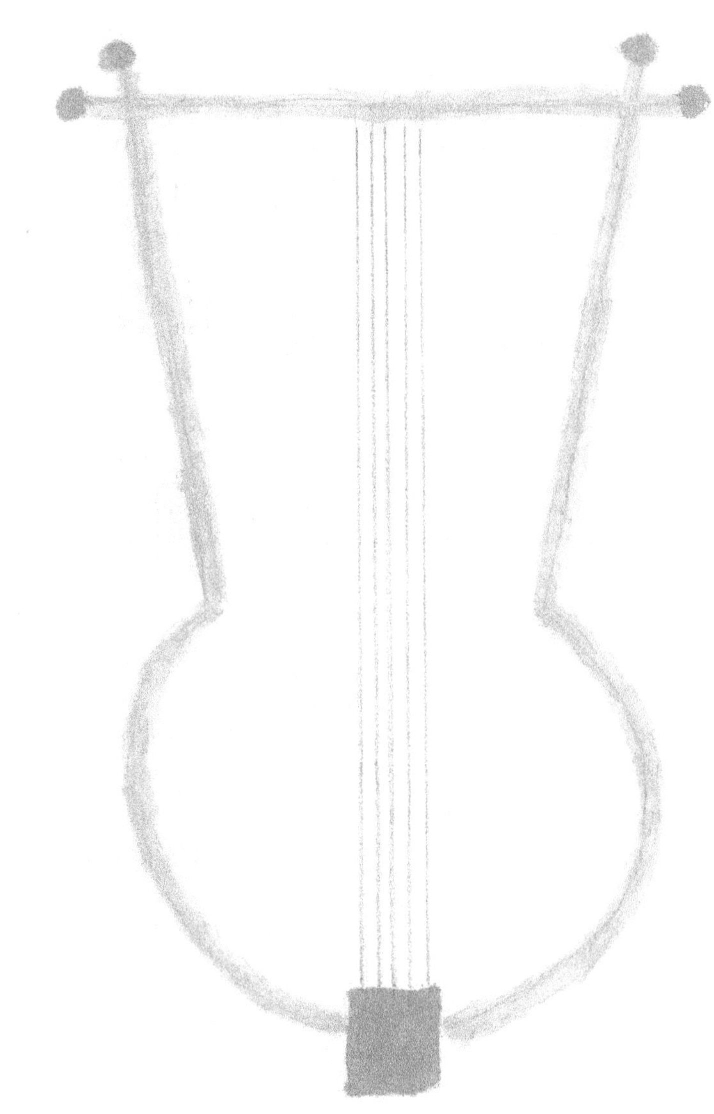

ODA A LA PATRIA CHICA

Poema dedicado a El Cristo de Aguadulce

I

*A la memoria llega, remoto, el eco divino de tu pasado,
tejido con repetidas y muy familiares añoranzas,
cerca o lejos, somos un solo pueblo, junto a las Flores de Mayo,
antes de las fiestas del San Pedro y sus sonoras campanadas.*

*Las dos torres de la Iglesia, y sus tres espaciosas puertas anchas,
despejaban los senderos para recibirnos junto al Santo de Las Llaves.
Recuerdos de fría plata son tus lluvias, las carretas y las cañas,
tan nuestro es tu pasado, y tan grato como sabrosos bienmesabes.*

*Con gran respeto por tí, tierra santa de mi madre, la vida entera pasamos,
Junto a verdaderos amigos de ayer, que jamás podrán llegar a viejos,
pues son los de la verde infancia y de la muchachada y sus desvelos,
deshebrando el arroz, descapullando el maíz o amansando los caballos,
pues bien sabíamos que trabajos bien empezados, resultaban medio terminados.*

*Cristeños, todos ustedes...los de la eterna esperanza,
deberán creerme que me han acompañado siempre,
en las costas, valles y montañas de cuatro continentes,
y en playas tan bellas como las de Hawai y Copacabana.*

*Conscientes un día recorrimos los pasillos del incondicional absolutismo,
entre paredes con espejos dorados en el Versalles palaciego.
Sin olvidar que igual hemos dormido en ranchos y en algún convento austero,
en donde los amaneceres suelen ser también sonrientes como rosas en retoño.*

*Igual un día, entre nieves, escalaríamos, del Monte Fuji, la sagrada montaña en Japón;
pero sin olvidar tampoco nuestros tropicales cañaverales, ya que hay tanto que endulzar.
Cristeños son, por igual, aquellos recuerdos de las madrugadas con tortilla en el fogón,
y los sonrientes birulíes en verano, para hacer jaulas de castillos y cometas que volar.*

*Lejana la querida abuela y su molinillo de café en las noches,
hablándonos de La Guerra de los Mil Días, con sus robos y reproches.
Recuerdos que ella mezclaba con viejas cartas de amor, afecto y cariño,
escritas en preciosa letra Palmer y con descripciones del mar y Neptuno.*

Enamorada de la luz y el color, ella solía soñar
con Las Salinas, y el lento viaje en carretas, para poder llegar.
Sin olvidar el rasguear de una guitarra lunera…. de eterno suspirar,
buscando a tientas entre romances marineros, ya al amparo de su hogar.

¡Qué conocedora parecía siempre la dulce anciana!
Y cómo la vislumbramos tan generosa y noble.
Acaso no preferimos todos una edificación inigualable,
valiosa por siempre, y eternamente encantadora y lozana.

¿Quién ha dicho que lo viejo no tiene su propio encanto?
Imitando a Don Quijote, exclamar pudiéramos:
En un lugar de las Provincias Centrales, de donde es este relato,
y de cuyo nombre siempre queremos acordarnos….

¿Cómo olvidar tus eternas y, desde la distancia, características palmeras?
Las mismas que reciben los días con el sol mañanero meciendo sus pencas,
que parecen quinceañeras inclinándose con sus sueños y sus cargas,
mientras, al caminar, nos acarician el alma al cerca verlas pasar.

Corríamos mucho mientras tanto los jóvenes, como centauros.
¿Acaso habría que apurar, porque venía el San Pedro y cada potro debía reluciente lucir?
¿Cómo olvidar aquellas labores por delante que cumplir?
No sabían lo que es vivir cuantos no habían en un trapiche molido caña,
ni contemplado a un manto-bin bin, entre naranjos en flor, cantando a su leguita.

Entonces llegaba la hora de celebrar en caravana, para a la barrera llevar los toros,
con el mismo entusiasmo que cortábamos crines para jáquimas de dos colores.
Las que lucían potros sin necesidad de espuelas, para las novias asomadas a los portales.
Con el alma de llaneros, conocíamos y recorríamos los caminos.

II
Más cercanas parecen las mañanas con pan caliente saliendo del horno,
al igual que los redondos queques y el apetecido pan de dulce.
Claro que existieron los mayuyones que preferían la chicha fuerte,
y la "hervetona", aunque reviviera viejos rencores y bochorno.

Cualquier noche aparecían, entre tinieblas, los gladiadores de un coliseo nuestro,
dispuestos a enfrentarse a cuchillo limpio, como para ahogar en sangre sus pasiones.
¡Qué gran corazón tenían, aunque despeinado, alguno parecía loco!
Rememoranzas que aún recorren las venas de completas generaciones.

Y, para no olvidar, nos reuníamos en la plaza y en el umbral de la Iglesia.
Allí se compartían experiencias de un diario vivir entre hermanos,
sin sospechar que un día vendrían largos tiempos de ininterrumpida ausencia.
Y nos dejaríamos dividir por falsos políticos de ciudad con sus espejitos indianos.

Fugitivos a veces, entonces algunos pasaríamos las noches,
puesto que nos negamos a participar del panal,
cuando medio-policías mandaban a medio-jueces,
unas veces para bien, y otras…. para muy mal.

Cercanos resultarían desvergonzados desfalcos y corrupciones a mano armada,
principalmente contra los no tan ajenos bienes y tesoros del Estado.
Y, sin boleto de regreso, aprenderíamos más sobre Bolívar entre su pueblo,
y también sobre Páez, el llanero, paisano legítimo de Doña Bárbara.

Afortunadamente, algunos logramos graduarnos en universidades de fama mundial
donde, además de letras, se profundizan claras nociones de ética y dignidad proverbial.
Las mismas que nos aconsejaban aquellos viejos "tíos", como los llamábamos con igualdad,
sin imaginar que, fugitivos un día, otros mares habríamos de navegar,
para aprender sobre la naturaleza humana con sus también pesados fardos de maldad.

Residiríamos en Caracas, y pasaríamos por Valencia,
observando más allá, entre Mérida y Maracaibo, no más que ayer.
O en la Angostura del Río Orinoco, donde la libertad se dibujara con impaciencia.
Y en Colombia, admiraríamos, cada vez más, a Santander y su fe en la Ley.

¿Y cómo olvidar, desde lejos, nuestro amenazante cuartel principal,
o la Presidencia, donde sólo había confusión, cuando no humillación?
En fin, los políticos con armas no saben lo esencial
que encierra el coraje, buen hijo de la convicción.

Tal vez por alguna nube en lontananza, trotamundos quisimos ser
desde cuando en la Carretera Interamericana veíamos internacionales caminantes pasar.
Y, como gitanos soñábamos, hasta cuando luego llegamos a comprender, sin divagar,
que, a los gitanos de verdad, la honradez les cuesta mucho mantener.

III

¡Sí nos quieres! ¿No nos quieres? A veces dudar pareciera,
Patria adorada, enclavada en el corazón….
A la distancia, tú te haces chica para poder amarte toda entera,
Como nos lo pide el poeta con devoción.

Igual te recordamos en los inhabitados Everglades de Florida
como en las principales ciudades de Centro y Sur América,
sin dejar de lado tampoco, extensos recorridos por México y Canadá,
o por ese país-continente extendido entre Los Grandes Lagos y nuestra latinidad.

Desde Nueva York y no de Saint Francis, sino de San Francisco, a la desértica Arizona.
Igualmente he viajado entre grandes viñedos de California,
para seguir hasta Vancouver, pasando Portland y riscos de montaña,
recorrido que también hemos hecho de Estocolmo en Suecia, a Sevilla, España.

¿Y qué decir de Dinamarca y su modelo de agroindustria?
*Para descender a Roma **y** Nápoles y así admirar el arte de Venecia y Florencia.*
Y ver el Puerto de Hong Kon, del otro lado del Asia.
¡Qué diferente el panorama de Panamá a Chile, a Caracas, Londres, Zurich o Irlanda!

Reflexionamos en Ulm en Alemania, y en Egipto, frente a una pirámide eterna,
y hasta encontramos amables austriacos en Viena, invitándonos a compartir su cena.
En verdad se pueden viajar grandes distancias, en lugares y épocas, lo podemos repetir,
tanto en el Museo Nacional de Londres, el Louvre en Paris o El Prado en Madrid.

La belleza del arte y los balbuceos de la ciencia se hacen visibles allí,
Igual inspira el arte gótico hecho piedra en catedrales de Colonia y Chartres,
Sin dejar de ver la alegría famosa del nocturnal Paris,
como una sonrisa criolla, que el corazón hace arder.

Luego, de Chicago a Las Vegas, trabajando turismo y sus quehaceres,
Sin pensar ni cruzar largos puentes, al llegar a los ríos.
Y, de vacaciones, pequeños nos sentimos frente al Cañón del Colorado.
En Texas admiraríamos sementales que se exportan….y los caballos
de Kentucky y Tennessee. Según dicen por allá, bellos como sus mujeres.

Sin rastrojos a flor del suelo, conocimos las más altas arboledas,
de los enormes sequoias o Red Woods, que atraviesa un auto por el tronco.
Así como los pequeños y bellos arrayanes en húmedas tierras argentinas,
cuando algún día regresábamos a la Patria, vía Buenos Aires y Río de Janeiro.

Sin dejar a un lado, ya más cerca, a Popayán, Cali, Medellín y Bogotá,
ni tampoco, por supuesto, a Cartagena, Barranquilla y Santa Marta.
Y qué oportunidad hemos tenido al poder vivir en esas modernas Roma
de Londres y Washington, mientras seguimos pensando en nuestra tierra bendita.

En los Inviernos más fríos, y sin hojas, recordamos tu santuario de palmeras,
que las tinieblas cosmopolitas no lograrán borrar jamás.
Lo sabemos bien, paisanos, que éstos son sentimientos, tan puros como medallas,
e iguales a un verso que torna la Patria Chica a las descritas y vividas memorias.

Y cuando llegue la hora del último adiós,
Te despediremos con un postrer abrazo...y suspirando.
¡Siempre hemos viajado muchos signos de interrogación portando,
y de algo estamos seguros: Hemos vivido sin anclas ni fronteras, pero con Dios!

LA PATRIA AUSENTE

Interminable la noche del Istmo
¡Hay! Eunucos te inventaron amos…
Y vistiendo de guerra al fanatismo,
Borraron dignidad en tus paisanos.

Legaron bárbaros con destemplados gritos
Y las estatuas cubrieron su rostro.
La Nación bravía, envidia de tantos,
Hundió en malsano lodo su rastro.

Que larga la noche desde cuando
Extraños muchachos amantes del casco,
Que muerde y aplasta…matando…
Hasta a la Presidencia lograron despego.

Mientras la Patria-Esperanza moría
Retorcida, angustiada y dolida,
Soñaba la tierra, y soñando gemía…
¿Acaso sufría la triste partida?

Quiso el odio que huyeses a las montañas
Y que enfrentases por igual el mar y la fiera,
… martirizada en tus nobles entrañas,
Por la fuerza bruta, de dentro y de afuera.

Sembrado su huerto por la desconfianza,
Sé que para muchos, nada significas.
¡Sabemos que la Patria se nos hizo extraña!
Con todo, el propio altar, la santifica.

Ha mucho la busco en mis desvelos
¡Oh radiante bandera! ¿Acaso una visión?
Tejida en ideario de terciopelos,
Un día volverás envuelta en ilusión.

Veremos destellos de una nueva aurora,
Al conjuro de Minerva y de sabios.
Sólo el justo merecerá la aureola,
Y florecerá la paz de los austeros.

Volverá a respetarse el estudio,
Volverá a admirarse el trabajo.
Academia y templo: un mismo compendio...
Reinando armonía de arriba hasta abajo.

Cual prometida Gloria cierta,
Y como hija pródiga se volverá a ver.
La Patria estuvo ausente... mas no muerta.
¡Atravesó su Gólgota... y volvió a nacer!

Ricardo Lasso Guevara, J.D.
Caracas, Venezuela, Mayo de 1984

Dulce espuma pueblerina de mieles, recuerdos y encantos,
Adornados por tus sencillas "montunas" y lujosas polleras.
Y, de pronto, aparece el largo pendón de las Presidencias
Flotando en ese ambiente folklórico tan único de Los Santos.

En una noche que sigue al cielo naranja y ardiente de mi pueblo
Eres mi mejor anhelo, alejada del mundo de la Ciudad Capital.
Recordemos, de Darío, "ya viene el cortejo" de La Marcha Triunfal
Aquí, sin aires de suficiencia, nuestras tradiciones lo envuelven todo.

En otras partes del país hasta se escucha el quejido típico,
Pero aquí lo que nos debe importar es el trabajo y quehacer nacional
Sin olvidar la alegría que nos ha acompañado a través del tiempo.

Elevemos nuestras salomas y repiques de cara a un futuro de opal
Contando esta vez entre nosotros a la Presidencia como un Olimpo
Es verdad que la vida ofrece altibajos, pero lo importante es triunfar.

¡SÍ, COMANDANTE!

"Los militares temenos muchos defectos,
Pero cumplimos nuestra palabra", dijo un Jefe Militar,
Cuando, tras un Coup d'Etat, prometió a muchos incrédulos,
Que pronto convocaría a otra elección nacional.

A pocos meses, sin embargo, enviaría a otros militares a calabozos.
Cuando, como nuevo Semi-Dios de la Guerra, había probado el panal,
Que incluiría toda clase de obsequios de nuevos amigos poderosos.
A la vez que eliminaba hipotecas que debían sus allegados pagar.

El corto período solicitado, interminable por demás resultaría.
Lo que ha sido, en nuestra América Latina, frecuente en demasía,
Al lado de supuestos paternalismos de mano fuerte
Con la natural y debida y ciega obediencia al prepotente.

Los allegados, a aumentar de mil maneras, no tardarían
Pues quien a buen tronco se arrima, buena sombra lo cobija.
Como dicen nuestros campesinos del dinero y las regalías,
O cuando surge la necesaria fatalidad de "luchar desde dentro...y sin tregua".

¿PEOR QUE NORIEGA?

¡Para muchos, más que pregunta, afirmación!
Y ni siquiera, que conste, por la invasión extranjera,
Sino por conocidos negociados y corrupción
Alejando a un buen Vice Presidente y su estrategia.

Tan alejado y por tanto tiempo del terruño,
Más pendiente siempre de los hijos
Y dedicado sin faltar a la reflexión y al estudio
No deseamos en ningún caso ser injustos.

Son y han sido sólo reflexiones patrióticas
"Envueltas en jirones de amor o de dolor"
Como nos recuerda el poeta en sus épicas heroicas.

Alejados de la falta tan frecuente del ciudadano pudor
¿Será por la ausencia de tradiciones democráticas?
Que nos ha costado alcanzar el tan soñado esplendor.

UN PRESIDENTE CAUTIVO

En tiempos de la larga dictadura militar
Un inmóvil Presidente así se haría llamar,
En el Patio Andaluz donde apenas el sol logra penetrar,
Tal como nuestro gran poeta Miró aún nos invita a recitar.

Es verdad que por otros motivos brilló algún otro escogido,
Tal vez, pensamos, por algún profesional motivo.
Sin tampoco acumular ningún céntimo mal habido,
Ni llegar ya corrupto, como este Presidente Cautivo.

La indefensa luz de las estrellas lo vería enriquecer
Pero tampoco volaría ni extendería sus alas al cielo,
Pues, sin emoción legítima, podría acaso amanecer.

Incapaz, en fin, de ver un tranquilo y plácido río sin recelo,
De noche arrebató los pájaros del nido, al ascender,
Innoble, en cada oportunidad, con poco ruido y mucho olvido.

TRIBUNALES DE INJUSTICIA, ABUSO E INIQUIDAD

**Soneto dedicado a todos los que aman
la Patria y les preocupa su futuro.**

*Dios nos guarde del "Derecho de Acusar"
Ya que a todos podría suceder.
Pues un chantajista sabe proceder
Y de sus redes no podrás escapar.*

*La muerte, quizás un día, nos libre de atracos
Y mordidas de lagartos, lobos y hasta locos con corbata.
Llega el momento en que ni el arrepentido inquisidor pudiera
Librarte de Fiscales en su mal entendida labor de sabuesos.*

*Defenderte de la furia del "interés público" requiere dinero,
Para satisfacer los niveles de insaciables instancias,
Ya que los acusadores se nutren y necesitan sangre primero.*

*A la altura de lo peor de la injusticia en sus quehaceres,
Al fin, dejando el cuerpo atrás, sólo el alma alcanzará el Cielo
Y reinará la conciencia al haber cumplido nuestros deberes.*

¡QUE BUENO HABER RENUNCIADO!

¡Hoy amaneció sereno: ¡Que bueno haber renunciado!
Podré, con la frente en alto, saludar…a los abuelos.
Atrás quedaron las dudas, los recónditos arcanos, los desvelos…
y el eterno naufragar de Ulises…atormentado.

Con inspiración pudiera,
junto al inmenso Pavarotti,
descender muy seguro la escalinata de piedra,
cantando a pulmón lleno alguna estrofa de Verdi.

También serían enfrentados, la osada ignorancia,
la tosquedad del juega vivo y la vulgaridad rancia.
Pocos habrá que nos comprendan,
menos serán quienes nos absuelvan.

¡Con todo…que bien se siente el alma! Es tal vez el suspirar
de quien frecuentemente subordina todo al afán de meditar.
¿Cómo creer en la Democracia, sin haberla comprendido?
…ni sentir amor al País, aquéllos que no lo han tenido.

Ahora podré continuar entonando y predicando
a mis hijos, a los tuyos y a los descendientes todos de los Adanes y Evas,
las altas y nobles virtudes, caballerescas, universales…perpetuas…
del valor, tenacidad, sacrificio; y el patriotismo.

¡Ah, corazón cansado, ha sido sólo otro insomnio!
Será mejor que descanses…quizá a medias dormido.
¿Somos de carne y hueso? ¿O acaso…sentimiento?
¡Suelta la pluma y sueña…el Minotauro se ha ido!

LA GLORIA DE LA ABOGACÍA

¡Cuán grato tratar a quienes llegan a ser verdaderos amigos!
Meritorios, sin duda, para pasar repetidamente nuestra puerta
Sin excepción en todo caso, bien se trate de nacionales o de fuera
Con debilidades humanas, mas no imperfección moral o desafueros.

Y qué decir de quienes acceden, de semi-Dioses, los peldaños
De una real, digna, merecida, considerada e imparcial judicatura
Lo que sólo es posible cuando realmente se lleva la toga en el alma
Ello constituye La Gloria de la Abogacía, sin decepción o engaños.

De otro modo, hay que vacunarse contra tribunales degradados
Acudiendo en lo posible al arbitraje y escapando de la política pequeña
De chantajistas con saco y corbata, mal disfrazados de abogados.

Pues bien sabemos todos la deshonra de esta mal habida calaña
Que sabe hasta cómo entrar por la ventana de estos recintos sagrados
Cuando defendemos a quienes no pueden pagar nuestra diligencia.

VUELTA A LA PATRIA

Basada en la poesía *Patria* de Ricardo Miró y la poesía *Canto a la Bandera* de Gaspar Octavio Hernández.

"Revuelvo la mirada y a veces siento espanto
cuando no veo el camino que a ti me ha de tornar..."
¡Expresó Miró con sentimiento de maestro,
Cuando desde España atravesara el mar...!

"La Patria es el recuerdo...Pedazos de la vida,
Envueltos en jirones de amor o de dolor;"
Agregó enseguida, como lo dicta la conciencia
Y la humildad, sello de sabiduría y erudición.

"Oh, mis vetustas torres queridas y lejanas:
¡Yo siento las nostalgias de vuestro repicar!"
Especialmente cuando pareces indagar
Si, como pueblo, somos cristianos de verdad.

"Oh Patria tan pequeña que cabes toda entera
Debajo de la sombra de nuestro pabellón!"
Y al mismo tiempo nos enseñas, tras larga espera,
que aquella tenue quebrada, en el bosque se secó.

"Quizá nunca supiera que te quería tanto
si el Hado no dispone que atravesara el mar!..."
Recordándonos en el camino que Cristo es sólo amor.
y, en una sola palabra, jamás puede ser odiar.

"He visto muchas torres, oí muchas campanas,
Pero ninguna supo ¡torres mías lejanas!
Cantar como vosotras, cantar y sollozar."
Alejadas de quienes todo lo negativo supieron abrazar.

"Quzás fuiste tan chica para que yo pudiera
llevarte por doquiera dentro del corazón!"
Y, como apenas estudiante en el arte de la vida,
tenerte por todo el mundo con no menos razón.

OBLIGATORY EDUCATION AND THE WASP "MELTING POT"

Dedicated to the memory of
Rabbi Dr. Heszel Klepfisz, académico lustre

So consequential was education, since America's Colonial Government,
That when the parents in North America most needed their children
To help with the farms during special and hard-working days
From them were taken and removed, specially boys, but also girls.

So critical was consider education for the future of the country,
That by the time of Independence, to surprise almost everybody,
The people's percentages of those who could read and write were
Even higher than in parts of Europe, including France and Germany.

This is why very different European immigrants as WASP coalesce,
Making possible the well-known, critical and extended "Melting Pot".
As it also happens today with the arrivals from almost every place.

It is worth to see children switching to English on the spot
As soon as reaching their first grade of elementary tutelage
An essential part of Anglo-Saxon evolution on this most serious point.

CARAVANS OF HOPE AND ILLUSION!

During nights without end in so many lands and dwellings,
Have people even stop loving their mothers?
And their mountains and rivers, have they also disremembered?
Or are they also, their flags together with their hopes, taking?

Let's not stop, they say, until eventually reaching the North
For the sake of our wives, ourselves... and the children of both.
The Statue of Liberty symbolize, for the "tired and the poor", freedom.
Let's also continue because, really and always, first we want to work.

Now carbon copy caravans start with the poor in Central America.
But, for political reasons, also millions left Cuba not long ago.
And, also today, a permanent caravan is as well living Venezuela.
At the end... we have to accept a cruel reality of us all.

Let's plant in all The Americas the seed of freedom and equality,
If what we want is essential health, education, work and liberty.

LET'S START AGAIN

**Dedicated to Dr. Jill Tracy Biden and all teaching
Americans consecrated to study and education**

*As the light of the Day follows the Night,
Moving communities coalesce with open mind
And replace chaos with tolerance and liberty
While we reach government of the best kind.*

*Now, after a notable and great participation
Of our citizens in a national election,
It seems as if we need a new initiation
To prove our model as a democratic nation.*

*Shall we remember conspicuous Pericles defining democracy
in Ancient Greece, or historian Tacitus in First Century Rome?
Sometimes it seems as if we need to start again in this State
To maintain the principle that Vox Populi is Vox Dei.*

*Problems remain, but already by the fall of the Roman Empire,
let's not forget that from beyond the Rhine River's terrain,
conquering Anglo-Saxons, cross the Chanel and arrive in Britain
With their special and different laws and democratic people.*

*In the Eight Century England, theologian Bede
Equally portrayed their old thoughts at the time
While evolving special traditions continued,
convincing generations about their best course.*

*The Head always respecting old precedent
That he cannot change or even interpret,
and as the voice of his people respect,
at peace and war, He unchangeable attend.*

*It was as well understood and reiterated, in clear repetition,
that ancient liberties where implicit in any King's coronation.
And that "a government by contract" is the essence of Magna Carta,
which also articulates that freedom is a cardinal lively command.*

The above being embraced by constitutional John Locke.
The same Locke whose "self-evident propositions"
in the 17th Century, quoted in old Europe and nascent America were,
as well that "all men by nature are equal" in all nations.

When absolute doctrines prevailed in many countries,
our ancestors proclaimed that an absolute monarch,
anywhere in the world, "was inconsistent with civil society".
Principles for which our revolutionaries were prepared to march.

John Adams and Thomas Jefferson make those principles known at Independence.
Ah! and not less repeated by the large immigrations of the 19th and 20th Centuries.
Conscientious all that Democracy is and always will be fragile and complex.
For which precise reason, for many, "A Good Dictator" is a better alternative.

In contrast, long before, England used in 1376 for the first time The Impeachment.
And, as a good Mother of Parliaments, maintained forever such postulation
and explain to us why, years before the French Revolution,
Montesquieu considered that we "have formed the best kind of government".

With proverbial inclination for "sweet medium" compromise,
In a world so much divided by diverse political extremists,
Here we have an example of necessary reconciling friendliness
following a kind of "Mother Country", we should exercise.

Soon after the Mayflower sailed West to Cape Cod, later New England,
within the season of William Shakespeare, John Lock and Isaac Newton,
Across the English Channel Louis XIV, The Sun King dominated,
on the heels of Cromwell's Parliament's army defeat of the Crown.

Thomas Jefferson, writing during pre-Revolutionary France,
was to convincingly declare Bacon, Locke and Newton, as "the
three greatest men that have ever lived, without exception",
while this Founding Father considered "its Laws the glory of England".

Similarly, even before Independence, in 1765, another Founding Father,
John Adams, tells us that "A native American who cannot read and write,
is as rare as a comet", while only a third could in Germany and even France,
In Poland about two men in a hundred and in Russia no one in two hundred.

Lighthouses of guidance, as the wise Founders portray,
Democracy remains, facing treacherous waters of today,
In a mostly poorly piloted navigating humanity,
Looking for the glory that democracy sustains.

Yet, after the American Century and The Greater Generation,
following World War II, a small percent of young Americans,
pretend to embrace the precisely defeated political dogmas
of Mussolini's Fascism and Hitler's National Socialism.

Likewise agreeing about Democratic Caesarism and Bonapartism.
But we need no lessons either from Russian Stalinism or German Hitlerism.
Because to Churchill and to us, Democracy is a forward government,
for which reason, the lesson is that Democracy will, alive and well, remain.

There are dreams, as we all know, that "cannot arrive",
but, without failing, continue always "struggling to be free",
as mentioned by Ralph Waldo Emerson's "active soul",
wondering if silver bells, rather than golden ones, have better sound.

It was Emily Dickinson, precisely, who one day said with clear intention
"No one can tell the definition", perhaps because "Faith is a fine invention".
For which reason, I wonder if one day I saddled my horse and ran awaken,
fragrance inhaling free of oppression, as men and women dream.

Finally, and with God's permission, consideration and attention,
Let's keep daydreaming with ideals of wisdom and democracy
and expecting that good teachers will continue to make possibly
more persons with ethics, civility, honor, education and more education.

Values that Lincoln expected with hope "shall not perish from the earth".
So… while the Congress legislate and the Executive protects its decisions,
Let's take for granted that we will leave traditional Judiciary intact,
while coming from distant lands, we remain a country of immigrants!

Poem by a political refugee,
and author of the books:
Democracy on Trial: The Case for the Defense
The American Anglo-Saxon Democracy

GOD IS EVERYWHERE...AND SO IS THE DEVIL!
(Between Good and Evil in the same block)

I

Today I was awakened indeed very early
Deciding to meditate and exercise a little philosophy
Concerned that this country of immigrants
Is increasingly polarized about its own identity.

II

With prevailing extended and negative and repetitive echoes
Of discouraging sounds of characteristic blind crushing machines
Instead of portraying the feelings of the diverse glorious soldiers
Freedom defending everywhere at the price of Spartan deaths.

III

Are we all by chance becoming deaf and allergic
To really judicious, wise and positive thinkers?
As if the future only offers a Halloween's black night.
With dark cats and unchanging flying witches.

IV

What about the children, Scandinavian, African and those in between
Invited by The Statute of Liberty...or abused Amerindians before them.
All created by the same mighty God, including arrivals old and new.
But whose existence, evidently, the Devil much concerns.

V

At the same time, overseas, absurd ideas about us still prevail,
Like that real Americans must have clear of deep blue eyes.
Instead, this unique country is admired and esteemed everywhere,
For its peoples becoming one...and simply because God is great.

VI

Not because of those who consider themselves the only real ones
And yesterday attacked the immortal woodcutter Abraham Lincoln
Considering him unpatriotic for opposing the Mexican American War;
Position also of President Quincy Adams and Ralph Waldo Emerson.

VII

In this country of the people, by the people and for the people,
Can we respect the old Anglo-Saxon horizontal equality
Reflected in Magna Carta, with its constitutional value,
O government by its citizens, based on contract and agreement?

VIII

What subjects are Mexicans and other Latin American immigrants?
When the Southern Border, many of them, have never crossed.
While, actually, it was that border which has crossed them
One day nationals and next day foreign aliens...just the same.

IX

Where we not, at the same time strong, when including
Slaves, also humans, but who unwillingly as well came along.
To contribute their unrecognized but worthy sacrifice?
Part of a cruel intercontinental business, notwithstanding.

X

Servitude was intended I Western States, anticipating The Civil War.
And with such views and discussion, the border was then maintained
Until finally prevailed an authentic continental union...much needed
But a population density, there, rather close to our Canadian neighbor.

XI

So, for "all to go back from where they came",
Claimed since almost two centuries ago, and especially,
By the Know Nothing Party, mainly against Catholics, and KKK later,
But, in fact, practitioners of so many religions arriving from everywhere.

XII

Can we be "E Pluribus Unum"... and faithful, today and in the future?
With more people, notwithstanding WASP politicians here and there,
Representing arrivals on the valleys, the mountains and close to shore,
Many of them neither Anglo-Saxon Protestant nor Democratic before!

XIII

With a word's variety, no narrow group could pretend to monopolize,
In diverse thinking, or honesty or the Common Good in liberty;
Specially when, sometime, they seem only interested in making money.
While, in addition, are conscious of, ignobly, killing far too many.

XIV
Including mothers, fathers and their loved children
O white and darker people without motive or personal distinction
Using weapons of war inside the schools, as we constantly remember.
Or in places destined to our common God adoration.

XV
The Second Amendment is incorrectly quoted frequently
Notwithstanding its adoption before the later Army was organized,
And when "A well regulated militia", was consider "necessary";
For defense of the new Nation, and not a right for any sick character.

XVI
In effect, no matter grace or intelligence,
With similar percentages everywhere,
Since God created a lovely humanity with diverse peoples and race
While, at the same time, we continue to develop our unique culture.

XVII
One, in centuries to come, duly worth of mythological reference.
With wine to celebrate, and swans to ask questions with their necks,
In pacific lakes, while we also hear distinctive sounds of delicate harps
Announcing well deserved, dignified and promised Spring to come.

XVIII
Let us understand that virtue consists in being calm and strong
Like a famous poet once proclaimed, and no longer sickness feeling,
Mentioned at the beginning of this poem, caused by lack of sleep
That we sometimes experience, for reasons we shouldn't.

XIX
How much of the above is just unnecessary anxiety?
Against all education, that here is not only free but obligatory,
Teaching us the eternal ethical values of respect and tolerance
And forbid those with brain to pretend to take us back…with sincerely.

XX
Long live Statue of Liberty, mother of immigrants!
Looking after her children, never too far from a port of entry,
With her eyes opened in surprise before so much disharmony.
And yes...because I awakened indeed very early
My plea to all is to make the most of every day
On this blessed and everlasting land of Liberty.

OPEN LETTER TO THE NATIONAL RIFLE ASSOCIATION:

Since my arrival in this great country as a political refugee from one of the numerous military dictators in Latin America, the only partial interpretation of the Second Amendment has called my attention. In effect, only the second part seems to be known by most citizens.

This is strange in a country with one of the superior literacy rates in the world since the colonial days when the Puritan settlers in New England insisted in free and obligatory education. And when the local governments were willing to take the children away from their parents in cases when those parents refused to send the children to school and keep them as necessary help in their characteristic family-run small and medium-size farms.

The significance of local government, established sometimes before disembarking, like in the famous Mayflower Compact, or soon after arrival as in Jamestown, would explain later the different political and economic development of the United States of the North vis á vis the Dis-united States of South America, better than any "Open Veins" running through the complete American Continent. In my view, the historical perspective is essential as well for the interpretation of the Second Amendment, approved in December of 1791, but already promised to the citizens of the different 13 States and former Colonies, previously reluctant to approve the Constitution because they were afraid of "too much power" in the hands of the Federal government to the detriment of the State governments.

Already during the ratification of the Constitution in 1789, concern was raised "that the power of Congress to disarm the state militias and create a national standing army posed an intolerable threat to the sovereignty of the several States".

It is most relevant to also keep in mind that the Continental Army (originally created in 1775) was dissolved, licensed and disintegrated in 1781, after the Battle of Yorktown, at the end of the armed struggle for Independence. It was in those circumstances when "A well regulated Militia" was essential and rightly declared as "being necessary to the security" of the new "free State". So, as passed by the Congress, the Second Amendment states: "A well regulated Militia, being necessary to the security of a free State, the right of the people to keep and bear Arms, shall not be infringed".

A full national army came later into existence, but in the context of local Militias, the "right" to keep and bear arms was also a "duty" and even an additional "tax". No exceptions were contemplated for the citizen-soldier who had to obtain his own "good musket". For many years, neither the State nor the Federal government were prepared to accept the costly burden of providing those muskets, bullets and uniforms to all citizen, not to mention the even greater expense of maintaining an army. Nobody had contemplated yet the incorporation of a "National Musket Association" either, perhaps because those were the humble but also responsible origins of a country that proudly became a First World Power.

I am sure that your organization, and even more important, the majority of responsible gun owners, not only recognizes such an initial right/duty to bear arms, but can also contribute to the atmosphere of security that we all deserve.

The supposed individual right to "keep and bear arms", <u>without any limitation or regulation,</u> is not what the Supreme Court has said in the case of District of Columbia vs Heller on June 26, 2008, and I think I owe it to my three children to express my opinion on this topic.

It was the District of Columbia's previous generalized ban on handgun possession or the requirement to have them disassembled or bound by a trigger lock that the Justices considered a violation of the Constitution.

It should be revealing that this 2008 decision contemplates regulations concerning such issues as concealed weapons, rights of criminals and mentally ill, the carrying of weapons in certain locations, commercial sales as well as dangerous and unusual weapons. In other words, there is ample room for reasonable and necessary civilian arms control.

On the other hand, there were two dissenting opinions by four Justices. Justice Stevens, joined by Justices Souter, Ginsburg and Beyer, examining the historical evidence on the meaning of the Second Amendment, concluded that the amendment protects militia-related interests, as previously mentioned in this letter.

Turning our backs on history is not an option that the only Super Power at the end of the Cold War can afford in this XXI Century, within a world that is becoming more globalized by new technologies, instant communication and trade. This subject is far too important to us all, living under the great tradition of what Jefferson called in 1774 the Saxon "system of laws which had so long being the glory and protection" of a country.

With all my consideration, Ricardo Lasso, Panamanian attorney and author of the book *Democracy on Trial: The Case for the Defense*. www.ricardolasso.com. **January 10, 2013.**

DEMOCRACY IS THAT SOMETHING VERY SPECIAL!

(From its Cradle to Today)

I

As the light of the Day follows the Night
Moving communities coalesce with open mind
And replace chaos with tolerance and liberty
While we reach government of the best kind.

II

Following wise lessons that I long came to respect and admire
From some of my best University Professors in two countries in fact
Particularly one, not from England, but like Newton, also Isaac.
So, today, I close my eyes to clearly remember their moral parable.

III

As far back as when the fall of the immense Roman Empire,
We must keep in mind that, from beyond the Rhine River's terrain,
Particular and different conquering Anglo-Saxon arrive in Britain
With their particular laws and traditional democratic people.

IV

As historian Tacitus and theologian Bede
Equally portrayed those familiar folks at the time,
Which continued evolving their special traditions
Convincing generations about their best course.

V

The Head always respecting old precedent
That he cannot change or even interpret
But respect, as the voice of the people.
At peace and war, He would unchangeably attend.

VI

It was as well understood and reiterated, in clear repetition,
That ancient liberties where implicit in any king's coronation.
And that a "government by contract" is the essence of Magna Carta
Which also articulate that freedom is a cardinal lively command.

VII

After the Renaissance, Pericles' interrupted Classic Greek thinking
And practice about the administration "in the hand of the many"
Is renovated in complete contrast to an absolute one who commands,
And which later continue, uninterrupted, that "Very Special Something".

VIII

The local shire administration remaining unchanged for centuries,
While neighbors and peers, in search of justice, delivered in juries.
The Age of Reason, secured by Francis Bacon, proceeded.
And the Inductive Revolution extended as "Mother of Industrial Developments".

IX

Then John Locke's "self-evident propositions" appear...and the fundamental idea
That "all men by nature are equal", later much quoted in Europe and America
Declaring just the same, that "absolute monarchy was inconsistent with civil society".
As recognized by the American Revolution, followed by the French critical plea.

X

Ah, and "nature's night was transformed to light" by Locke's friend Newton
What a valid and permanent and true scientific kind of Revolution
In days when also the Reformation opened locked University doors.
Long closed even at the most famous European learning institutions.

XI

And when still absolute doctrines prevailed in many countries.
Both, in the European Continent and many other emulative places,
In contrast, England used in 1376 for first time The Impeachment.
And, for ever, it maintained such Mother of Parliaments.

XII

England was acclaim First European and World Power overcoming all.
A reality that radicals had found difficult to embrace and understand.
While, much significantly, hard work to please God is tradition
And political opposition to extremes has been usually sustained.

XIII

Before the French Revolution, Montesquieu's statement:
"It is admirable that this (the Anglo-Saxon) conquering people
Should have formed the best kind of government
that men can possibly imagine". What a forgotten narrative!

XIV

With proverbial inclination for "sweet medium" compromises,
In a world so much divided by diverse political extremists,
Here we have an eventual example of necessary reconcile toleration
That as in The Mother Country, The United States as well expects to exercise.

XV

Soon after the Mayflower sailed West to Cape Cod, later New England,
Within the season of William Shakespeare, John Locke and Isaac Newton,
Across the English Channel Louis XIV, the absolute Sun King dominated
On the heels of Cromwell's Parliament army's defeats of the Crown.

XVI

But besides, flew the time and matured the Thirteen Atlantic Colonies
From Colonial Time up to Independence in one and a half centuries,
With Puritan-Quaker components, not only in Boston and Philadelphia,
But also including transplanted Enlightenment and the same English Laws.

XVII

Thomas Jefferson, writing during pre-Revolutionary France,
Was to rationally declare Bacon, Locke and Newton, as the
"three greatest men that have ever lied, without exception".
And consider its Laws the glory of England, the same Founding Father.

XVIII

Similarly, even before Independence, in 1765, another American Father,
John Adams, tells us that "A native American who cannot read and write,
Is as rare as a comet", while in Germany and even France only a third could.
In Poland about two men in a hundred and in Russia no one in two hundred.

XIX

But, on this side of the coasts of the Atlantic,
Another progressive country, at the time,
Canada chose to preserve, just the same,
Its essential social evolution, as authentic.

XX

Lighthouses of guidance as the Founding Fathers reiterate,
Democracy remains, facing the treacherous waters of today,
In a mostly poorly piloted navigating humanity,
Looking for the glory that democracy preserve.

XXI

Yet, after the American Century and The Greater Generations,
Following World War II, a small percent of young Americans
Pretend to embrace the precisely defeated political dogmas
Of Mussolini's Fascisms and Hitler's National Socialisms.

XXII

And what to say about Generalísimo Franco's Spain?
Where the international confrontation first took place,
And, significantly just before and after World War II,
Between Soviet Russia and Western Anglo-Saxon Democracy.

XXIII

As well agreeing upon Democratic Caesarism and Bonapartism.
But we need no lessons either from Russian Stalinism or German Hitlerism.
In effect, to Churchill and to us, Democracy is a forward government.
For which reason the message is that Democracy will, alive and well, remain.

XXIV

And the Days continue following the Nights, as mentioned
By Longfellow when he told us long before "The day is done",
Announced by divine trumpets from dreams to sunrise
And, again, the only accepted high behavior will be love.

XXV

There are dreams, as we all know, that cannot thrive,
But, without continued always "struggling to be free"
By the "active soul" mentioned by Ralph Waldo Emerson,
Wondering if silver bells have better sounds than golden ones.

XXVI

On her part, Emily Dickinson, correctly, one day said with clear intention
"No one can tell the definition", perhaps because "Faith is a fine invention".
For which reason, one good day, I saddle my horse and ran away
Fragrance inhaling free of oppression, as men and women dream.

XXVII

And as Dickinson also said, I guess few days after Walt Whitman
"I am going, I know not where", but perhaps "To think of time".
While "I sit and look out upon all the sorrows of the world"...again.
Myself, born in Panama, born of parents and grandparents also from there.

XXVIII
To me, and for all to learn from my personal circumstance,
Something special to Robert Frost will be forever related:
"Two roads diverged in a yellow wood" specially because
Also, and after much meditation, "I took the road less traveled."

IN FRONT OF THE STATUE OF THE MOTHER OF IMMIGRANTS

Give me your tired and poor no more.
Rejected, curiously, by those who came before.
Also yearning to breathe free,
While normally leaving the rich behind our golden door.

In a "country o immigrants", what a poor memory
We find in those supposedly without blood mix!
How ungrateful some next generations can be
Ironically forgetting only real "natives" that exist.

Never send these, the homeless, to me.
And ignore that they, precisely, built this great nation.
After all, yesterday immigrants ended welcome in this land.
Is incredible how anti-American so many can be!

We no longer wish to reflect the world,
For some divine reason...given to us by God.

DEMOCRACY HYMN

To the memory of my good friend Rabbi Dr. Heszel Klepfisz

As the light of the day follows the night
Communities coalesce with open mind
Replacing conflict and chaos with ideals.
Until, after many trials, Democracy find.

Convincing generations about its best course,
The idea of old Greek Pericles is renovated
Well understood by historian Tacitus
And not less so by theologian Bede.

The Head of the government ruled by Law
And precedents that he has to attend and follow.
Never for him to change or even interpret,
But to faithfully apply in peace and war.

While Lincoln recognized in America
That only its people are in command
And, consequently, We the People decide
Not pretentious crown-heads of any kind.

The Executive to represent and promote
What the Legislative discussed and decide
And not, ever, the other way round
What is defined by the Judicial when needed.

Presiding ideally by worldwide Magna Cartas
Intended, between rulers and people, as contracts
And real Constitutions that guarantee freedom,
At the same time, both economic and political.

Far behind are European absolute kings of all kinds
Who applied, whatever premise in summary trials
Soon after to burned at the stake their enemies
As not too long ago, erratic characters portray.

The symbolic statue of The Mother of Immigrants
Keep asking for the poor yearning to breathe free
And keep those poor to a New World attracting
In search of opportunities to compensate sacrifice.

Let us sing and celebrate Democracy today,
When is reflected by the light of the day
And lighthouses of guidance firmly stand
For other peoples in a poor navigating humanity.

DEMOCRACY DEFENDS ITSELF IN NORTH AMERICA

Dedicated to Supreme Court Justices Sonia Sotomayor and Dr. Miguel Cardona, Secretary of Education

From the mob's invasion of the National Congress,
On Wednesday, January 6 of 2021, we must confess
That with political differences to most places on Earth,
The consequences are and will be different in the U.S.

In other parts of the world, many prefer a "Good Dictator",
With an easier and simple decision process as a dominating factor,
Than the frequently prolonged and long-lasting political debates
That Democracy prescribes and imposes as a natural order.

Why, we may ask, the dissimilar reaction we find here
To many places from where, for centuries, we have come?
This is truly a land of hope, more opportunity and freedom
And, consistently, immigrants come precisely looking for refuge!

Have Anglo-Saxon "horizontal" Institutions and traditions,
Being the reason to so wide disparity and differentiations
With respect to a diverse evolution in a myriad of other lands,
of even Continental Europe, the clue to such diversification?

How determining are, still today, the old Anglo-Saxon
Methods, in times of peace and war, to make decision?
Since before electing delegates, we find their populist assemblies
And long-lasting precedent supreme in their Common Law legal system.

How far were those practices similar or opposed
To Pericles' definition of Democracy in fifth century B.C.?
A subject figure out by Roman historian Cornelius Tacitus
In his books Agricola, about by then post Celtic England
And Germania, five centuries before the end of the Empire!

Tacitus' particular admiration of Anglo-Saxon rules
May be easily understood, in his abominable days,
Just after the nefarious Rome's Nero and Caligula.
Lessons that may be prudent today to reiterate!

Was later also Old Magna Carta a just and valid contract
Between the authority and its own recognized people?
Limiting the government actions and requiring consent!
When popular Coral Music large groups as well require?

Was The American Century and The Greatest Generation
A reflection and continuation of an equivalent notion?
Or a contradiction when people prefer "Democratic Caesarism"?
Also called Bonapartism, because of personal domination.

Have we not become more reformist Puritans,
A product of Luther and the literal Bible words?
More inclined to move and advance up from the base
Than always thinking from top down as dogmatics?

Within this all, do we still have more questions than answers?
Because it is easy and unadulterated, today I will bake simple bread!
But last January 6, there were not domestic terrorists that prevailed, but Congress!
Our representatives went back to the proper chambers …. and lawfully decided.

Western Democracy will never be Mob Rule, but pacific debate
Among free citizens and its substitutes and not, conversely,
A Lenin's call to violence and doubts about elections, as some prefer
In less developed and backward societies of yesterday and today.

This understanding is essential as well from public servants,
If they are going to administer well on behalf of real citizens.
Democratic institutions are then superior forms of Government,
That also enjoy respect in their corresponding assignments.

In this country, a mob of fanatics may invade the House of the People,
And after five persons are dead, 56 police injured, as well as delegates
seriously threatened, next day it was the very Head of the State
who was facing expulsion, resignation or Impeachment by Congress.

Poem by a political refugee and author of
***Democracy On Trial: The Case for the Defense* and**
The American Anglo-Saxon Democracy

TRUMP: ANTES Y DESPUÉS

Durante los últimos cuatro años, con frecuencia, sus declaraciones y políticas fueron motivo de amplia cobertura tanto nacional como internacionalmente. Sin embargo, su actuación representa una reacción a situaciones nacionales que le anteceden y que perdurarán tras su convulsionado mandato. Incluso el Partido Republicano, que deseaba liderizar, terminó fraccionado en tres grupos bien diferenciados: los que continúan siéndole fieles, los que se opusieron a sus políticas y llegaron a votar en su contra, como parte del nuevo grupo político denominado The Lincoln Project. Y, finalmente, los que continúan sin liderazgo político claro.

El llamado populismo de derecha representa un cambio de postura que trata de dar respuesta a un sentimiento de frustración ante la creciente globalización de la economía. Se van alejando cada vez más los años muy especiales, al terminar la Segunda Guerra Mundial, cuando Alemania y Japón, considerablemente destruidos, habían perdido totalmente su participación en las exportaciones. Y cuando aún no habían surgido los crecientemente activos nuevos competidores, que incluyen a una especie de Estados Unidos de Europa y a China, cada vez más activa en el mercado internacional.

Ahora, sobre todo el obrero común, veía los beneficios del desarrollo nacional concentrarse en relativamente pocas manos. Y hasta gran parte de la población perder su inicial base cultural al dejar de ser los llamados WASP, frente a la mayoría de la población crecientemente internacional. Recordemos que la inicial inmigración europea, hasta el siglo XIX, la habían constituido los llamados White Anglo-Saxon Protestant.

Muchos olvidan hoy que gran parte de la enorme inmigración inicial proveniente de Irlanda, Polonia e Italia ni era Protestante ni era Anglo-Sajona. Poca conciencia existe de la discriminación que se produjo contra los recién llegados, por parte de los que pretendieron considerarse "Natives".

No deja de resultar reveladora la actitud desarrollada entre los que llegaron primero, provenientes del Norte de Italia y prosperaron en la industria de la construcción, contra sus propios connacionales provenientes después del Sur de la propia Italia. Hasta los bancos discriminaban contra los italianos, quienes se afirma que se vieron obligados a crear el después muy importante Bank of America.

Pero volviendo al protagonismo adquirido por el llamado Trumpismo en el año 2016, resultó evidente que el propio Partido Republicano consideró necesario ofrecer una voz populista y encontró en la persona de Donald Trump un exponente apropiado, en constante búsqueda de enemigos y con la ayuda de un gran megáfono. En particular, el Partido Republicano necesitaba hacer frente a la globalización económica y enfrentar los temores y amenazas del momento. A esto habría que agregar el incremento producido en tan sólo seis años, entre el 2010 y el 2016, entre los Republicanos inscritos como tales. Mientras tanto, el número de miembros sin educación universitaria aumentó del 50% al 59%.

Al respecto, el exgobernador de New Jersey, Chris Christie, afirma que los ciudadanos, en general, no están molestos sino más bien preocupados. Por su parte, se afirma que el Presidente Trump prefirió hacer énfasis y cultivó el odio.

A la preocupación por la situación de la economía y al temor a que la inmigración (incluso legal, pero sobre todo ilegal) ya existente desde antes, no fue creada por Trump. Pero eso sí, ahora el llamado "Trumpismo" la utilizaría políticamente y con gran resonancia.

Esta actitud contra la inmigración llama la atención en un país de baja densidad de población si se le compara con Europa. ¿Y qué decir si comparamos el territorio y la población del país con respecto a la India? Allí, el territorio total, desde los Himalayas en el Norte hasta el Sur tropical, es de 1.2 millones de millas cuadradas. Esto significa que el territorio total de la India cabe tres veces dentro del espacio territorial de Los Estados Unidos de América, con 3.2 millones de millas cuadradas. Y su población de 1.300 millones de habitantes resulta tres veces mayor a la norteamericana, esta última, con 350 millones.

La minoría constituida por blancos racistas también se opone a la inmigración con clásicas mentiras. Se habla de "criminales extranjeros", mientras información estadística disponible desde el año 1990 hacen constar que inmigrantes indocumentados cometen mucho menos crímenes que los nacidos en el país. Por otra parte, de acuerdo con el censo, personas nacidas en el exterior, entre las edades de 16 y 39 años, solamente representan 1.6 % de las personas encarceladas en el país.

En otras palabras, estos prejuicios contra la inmigración no han sido creados por Trump, pues ya existían antes de su actuación política a nivel nacional, y sus raíces no desaparecerán al alejarse Trump de la Presidencia. Pero lo cierto es que, a base de gran desinformación, el país se encuentra peligrosa y profundamente dividido entre los Demócratas y Republicanos, con poca colaboración incluso a nivel del Congreso. Por otra parte, al concentrarse el ex Presidente Trump en su persona y sus intereses políticos, más que en el Partido Político, éste ha quedado fraccionado en las tres secciones bien diferenciadas a que nos referimos al comienzo de este análisis.

SECCIÓN III – FAMILIA

A JILMA GUEVARA DE LASSO: SONETO POR SU HIJO RICARDO

Aunque tan lejos y tan cerca en este día,
El recordar más nos une hoy se diría.
Bien cultivada quedó la nobleza y diligencia,
Al cosechar el milagro de una auténtica maestra.

Al sumar siempre valor, a la tenacidad y sacrificios,
Desde la temprana edad y en el propio terruño.
Bien lo saben tus hoy muchos discípulos, y especialmente tus hijos,
Siempre bien recordada Jilma Guevara de El Cristo.

¡Patria verdadera, frecuentemente ignorada,
Levántate resuelta de tu pesado letargo,
Y abona la poderosa semilla de luz sembrada!

Debe ser más bien no luego, sino ahora
Cuando de pie y aplaudiendo,
Veamos la verdad por tí atesorada.

¡QUÉ AFORTUNADO HE SIDO!

I

Reconoce tus abundantes bendiciones
bajadas del cielo, y no una amarga pena,
se ha dicho en atinados sermones.
Comienzo, entonces, cuando la proverbial cigüeña se posara.

Al lado de un padre idealista, rebelde y soñador,
al igual que de una madre prudente, espiritual y sabia,
reflejos del Agora en su auténtico esplendor.
De sus manos, para no ir a tientas, recorrería caminos que no conocía.

Mi velero experimentaría favorable viento en popa, como en un sueño;
pero me salpicaría, no obstante, la rebeldía de un Fray Luis de León.
Bien se ha dicho en nuestra España, que cuando no hay justicia es peligroso tener razón.
¡Qué afortunado he sido!

II

Y con abundantes racimos de una misma pasión,
avanzaría enamorado de la lira, la música del verso y la poesía.
Afortunado, como sobre alas extendidas de inspiración,
mi pensamiento, entre su gracia y largas trenzas se perdía, y el futuro nido entretejía.

Y para mi buena estrella, además, y con música angelical en profusión,
Ah! Tal como polluelos de noble corazón llegarían,
entre plumajes y como flores, los hijos en medio de una canción.
Los que luego madurarían generosos, y que tanto querría.

Y para mayor bendición, pero con sed de beduino,
con ellos atravesaría, después, los tiempos y los mares.
Y, desde lejos, como nos manda el poeta Miró,
poder querer más a la Patria en su gloria y sus dolores.

III

Ahora, en el otoño de la vida, con mariposas de ilusión recuerdo
las calles amistosas de mi entrañable pueblo coclesano,
ardientes de luz y hasta de amor travesuras llegado el verano.
En el invierno, con dedicación estudiaba, igual que hacía cada hermano,

Muy temprano la profesión de las leyes abracé con ilusión y dignidad,
mientras todos despertamos, de la mano de Minerva y en celeste constelación,
con absoluta conciencia del bien y la equidad.
El hermano investigador genetista y los dos médicos con especialización.

En mi caso, gracias a la abogacía, extensamente he viajado,
sorprendido al principio, por cuatro continentes.
Apoyándome en mi Español e Inglés, y algo de Francés.
Reflexionando con frecuencia, como en un campanario,
o al comunicar mis preguntas frecuentes.
¡Qué afortunado resultaría gracias a ese hábito recurrente!

IV
Y del Canadá Inglés o Francés, a Chile y Argentina en América.
Contando, menos dos, todos los países de Iberoamérica.
Viajaría ensanchando mis sentidos, con sonoridad de acordeón o resonancia de campana.
Y en la vecina Colombia, por la proximidad y tratarse también de medio-hermanos.
Dí vueltas, aguijoneado seguramente por más de una quijotada.

Hasta Buenaventura, en el Pacífico colombiano,
llegaría acompañando a un naviero español,
abordado en nuestro Canal su enorme barco.
Pero todo cambiaría, por aquello de la falta de justicia,
al iniciar un prolongado y político exilio.
Gajes de la abogacía, durante intensos veinte años.

Luego, con dolor, dejaría de ser abogado… y en tierra extraña.
Mas, para mi satisfacción profesional, en la llamada Capital del Mundo,
ahora tengo una hija, políglota y eficiente, experta hotelera
más dos hijos, competentes y responsables abogados, en Lasso & Lasso.

V
Llevaría también a cuestas mi natural cuota del dolor humano,
por la mala levadura que siempre ha existido en este mundo.
Lo que, de paso, nos hace más comprensivos y hermanos.
Y que, a un mismo tiempo, debemos aceptar como buenos cristianos.

Aunque muchas preocupaciones del ayer ya remoto,
resultarían pesadillas y verdadero tormento.
Los caballos desbocados de entonces en rosas se trastrocarían,
que luego, sinceramente, sólo sonreir nos harían.

Hay que saber que no todo amanecer
nos llegará con sol de color naranja,
ya que los grises han de aparecer.
Ni tampoco toda luna será llena
ni amorosas ilusiones de poeta permanentemente dejen huellas,
como aquéllas bien pulsadas guitarras, en playas veraniegas.

Sin haber podido programar los detalles de antemano,
el día llegaría en que los vástagos, con renovado esfuerzo,
se desarrollarían lejos de la Tierra que por cierto nos vio nacer.
Y sus profesiones, competente y noblemente, pudieron ejercer.

VI
Jamás he conocido, en ninguna parte, divinos santos,
pero la vida sí me permitió tratar amigos selectos, sabios y venerables.
Alguno, por su inteligencia, aclamado "Hijo de Dios".
Y por alegar en mi Tierra, como en calidoscopio, nobles causas,
sin lograr cambiar mi rumbo, en medio de envidias y sempiternos odios,
la cicuta quisieron, en dosis dobles, hacerme beber.

Sin participar activamente en política jamás,
preferí un exilio que se proyectaría en lontananza.
Y desde entonces he logrado navegar,
pero eso sí, sin la cerviz doblar.
Buscando concentrarme sólo en lo noble y lo bello, de esa especie de gran balanza
que en todas partes existe y se repite sin cesar.
Por ello he podido seguir, serenamente, estudiando a conciencia
en las mejores bibliotecas del mundo, sin contemplar siquiera a ello renunciar.

Luego podría escribir en días calmados...
a pesar de que "nosotros, los de entonces, ya no somos los mismos".
¡Qué afortunado he sido pues!
Escribí, en verdad, más que alegatos y escritos cortos,
sólo para jueces superiores e importantes clientes,
carentes a veces del tiempo y la inclinación por tratados absorbentes,
tal como sucede hasta con educadores y responsables abogados.

VII
En vez de amargas y destructoras penas, reflexiono
más cerca ya de los sesenta que de los cincuenta,
porque, tras largas jornadas, paso ya de los setentas.
Ahora disfruto, afortunado, los mejores hijos y libros sabios del mundo.
Igualmente, seguiré hasta el final indeterminable aprendiendo.

Final que espero sea como un cirio de claustro que se apaga.
Mientras, doy gracias por todo lo vivido,
al igual que por la invaluable oportunidad de aprender hasta el final de la jornada.
Con bellos colores por presagio, desde aquel ya remoto amanecer risueño.

Seguido por una sed inquebrantable de aprender, partiendo de la duda y de la nada.
He logrado abrazar centros académicos de mundial valía.
Lo que abogar me permitiría, sin doblegarme, por justas y nobles causas.
Ni tampoco renunciar a mi esencial rebeldía,
ante la incomprensión y hasta la maledicencia humanas.
Hoy, en conclusión doy gracias, pues muy afortunado he sido.

BODAS DE ORO

Como un radiante amanecer de oro,
Proyectando su luz de confianza,
Permítanme en este aniversario
Un florido ramo de añoranza.

Ella apareció radiante en mi vida
Cuando sus risueños quince años tenía,
Y un par de largas trenzas tejía,
Que le caían a la cintura.

Pasarían tal vez dos años,
Cuando menos joven la soñé,
Mientras declamaba un largo poema,
El muy bello "Romance de la Condesita".

Tras alguna columna del glorioso Paraninfo Institutor,
Cupido me disparó certera flecha al corazón.
Pero con desconfianza aún temía acercarme, por temor,
De verme en sus furtivos ojos verdes, hasta perder la razón.

En verdad, solamente cuando ya ambos,
En la Universidad de Panamá,
Nuestros estudios completábamos,
Nos veíamos, como el hado lo mandaba.

Ah!... pero el destino nos deparaba
Otra larga separación,
Y un trasatlántico avión me alejaba,
Mientras un lento viaje por tierra,
A ella le permitía iniciar su noble vocación.

Las cartas de amor se harían frecuentes,
E intensificarían con el pasar de los meses,
Y hasta a soñar empezamos con los hijos por venir,
Tal como coronas de perlas y diamantes,
En el cáliz de una vida juntos, para poder existir.

Hace hoy sólo cincuenta años, que no parecen pasar,
Con la mirada fija en un mañana promisorio,
Y cuando el pasado de hoy era solamente futuro,
Empezaríamos juntos la senda familiar,
Pues, como nos dice el poeta sabio, sólo "se hace camino al andar".

¡A MI HIJA DENIA, CON AMOR!

Fluye el llanto a los ojos…y al corazón del Creador,
como sucede a los hombres nobles…y no miento.
Por honor…o adentrado sentimiento,
incomprensible a muchos, mas no al Señor.

Melancólico, frágil y doliente,
mas pareciera un profundo delirio.
Bien sé que no se trata de martirio,
aunque algo apaga mi lira triste.

Se aleja mi buena hija se diría…
y todo el cielo inmenso se nubló.
El Astro Rey – dolido – se ocultó,
sin nuevos trinos… ni posible alegría.

Amanece el alba e invade un profundo frío,
Pues es ave que deja en su nido un vacío,
cual lucero que, de lejos, señala a la barca,
el trecho que por andar aún falta.

Hecha una competente profesional,
partió a tierras lejanas, como Catán,
con Castellano, Inglés, Francés y algo de Alemán.
¡Pero mi vida… ya no será igual!

Una brisa casi todo lo barrió,
dejando no obstante un sabor a vino,
que permaneció, cual aroma divino.
También fragancia de incienso nos dejó.

¿Cómo podría olvidar el día que nació?
Entonces yo la acuné en mis brazos…
¡y aún recuerdo el espejo de sus ojos,
celestes como su tierno corazón volando al Cielo!

Cuando a la puerta de nuestro hogar llegó,
en el jardín hubo dicha y hubo rosas.
Ayer no más sucedían estas cosas,
cuando hasta el horizonte se despejó.

Poco después, y desde muy temprano,
Como a princesa la educamos.
Y nuestras humanas fuerzas superamos,
gracias a la sabiduría del arcano.

A su alma aún joven le inculcamos
de Atenea los laureles del tiempo,
que como alegre antorcha en el Olimpo,
al trono de Diana prestos ofrendamos.

Yo traté de ser, además, un buen guía,
como antes lo fue mi padre conmigo,
y como él, igualmente, eco del suyo, soy testigo.
¿Acaso algo más nos correspondería?

También llegaría un día en el cual,
como Caupolicán, con la familia,
enfrentaríamos exilio y espera,
y esa carga, entre el bien y el mal, muchas veces desigual.

Soportamos la tromba y el sordo trueno.
Y errantes pasamos la estepa sombría,
hasta volver al arpa su armonía,
sabiendo, en silencio, que Dios es bueno.

Hoy de novia y toda de blanco azahar,
partes en busca de nuevo y justo destino.
Es la vida y es su cambiante sino,
del eterno volver, mañana, a empezar.

Frente al campanario y sin posible aflicción,
camino del incensario, sopesa...
que entre dos, en verdad, la cruz no pesa,
si acompañan las flores de la ilusión.

PALABRAS A MIS DOS HIJOS ABOGADOS

Por el Dr. Ricardo Lasso Guevara, con motivo de la graduación del segundo.

I

Reciban nobles hijos todo mi aliento,
Mi pensamiento, mis anhelos…
De blanco mármol, gentil monumento
A comunes y hogareños desvelos.

II

Así como frente a las rocas deformes
Escultores presagian su mensaje,
También habrán de moldear, perennes,
Sobre el barro de bíblico paisaje,

III

La más humana de las profesiones,
No importa lo que diga el cínico,
Escogieron sin halagos ni presiones.
Ahora, lo justo será…Norte único.

IV

Quizás les sugiera algún confidente:
Que "ningún representado vale tanto",
Pero Cuture lo expresó ya bien alto,
Que ustedes serán para el cliente.

V

Ayer, en el exilio, laboramos
En aula y honesta lid con afán
Mas, luego, también disfrutamos,
Siéndoles más grato el champán.

VI

La dictadura despojó de casi todo,
Menos honor, a nuestra familia.
Que esa lección sea método
Contra capricho y perfidia.

VII

Mañana descubrirán ogros espantosos
Taimados. falsos. prejuiciados,
Amorales, trepadores, codiciosos…
De Dios verdadero, ángeles caí dos.

VIII

Como ven, son escritos con Sangre,
Estos mis versos del alma.
Pero hoy la vida les sonríe alegre,
Con laureles y bien merecida palma.

IX

El mundo no es menos nuestro
Que pitos, flautas o riqueza.
Y en el ojal de elegante chaleco,
Tal parece reflejarse una rosa.

X

Y en el futuro ¿qué secretos les esperarán?
Sin duda, cuál Sócrates, buscarán
La verdad, como generacional,
De los mayores, estilo escuela oriental.

XI

La recia conciencia del bien y
el mal
Les será a veces su sola guía.
Y por cierto que han de
enfrentar
La negra ignorancia y la parda
porfía.

XII

Podría elaborar hoy mil versos,
Pero ahora les ha de tocar,
Lo noble y correcto…
soñar y propiciar.

UN NUEVO AMANECER

Para mi nieto Roberto Ricardo,
al cumplir sus cinco años.
Siempre un nuevo amanecer has de buscar
En cada alborada de colores risueños
En que flores nos despejan los caminos
e impide nuestras esperanzas marchitar.

Hasta por tierras lejanas habrás de buscar
Como en el Olimpo aconsejaron los griegos
O dictan los sabios en las páginas de libros
Ya que jamás vencido, ni aún vencido, dejarás de soñar.

Desde niño aprendes que mediante el trabajo
Habrás de armonizar, ya que es Ley de Dios.
Y por los caminos del bien encontrarás el fruto.

Apoyado en merecidos triunfos
Y en esa inmensidad del momento,
Encontrarás una vida en permanente arrebol.

ERGO SUM

"La virtud está en ser tranquilo y fuerte; con el fuego interior todo se alcanza; se triunfa del rencor y de la muerte, y hacia Belén…la caravana pasa!"   Rubén Darío.

I - Primeros Años

Desde cuando ayer la proverbial cigüeña se posara,
Al lado de un padre idealista y una madre sabia,
Puedo decir hoy sin reservas: ¡Qué afortunado resultaría!
Pues mi velero, con viento en popa, cuatro continentes surcaría.

Reflejando el Agora griega en su fausto y augusto esplendor auténtico,
Hasta el semi caos de Dionisio me resulta placentero recordar.
Cuando un caballo, tras los muebles y separado por varas, lográbamos embarcar.
Para continuar, hasta la Ciudad de Santiago y la Escuela Normal, el largo camino.

Y de aquellas tardes inolvidables, al lado de mi padre, qué?
Cuando en busca del periódico y las noticias le acompañé
Y para no ir a tientas, de su mano más de un camino transité.
Cuando mi velero, como en un sueño, ese viento en popa experimenté,

Desde muy temprano, y cuando en la comunidad hubo un juicio de fama,
Me dicen allegados que ser abogado algún día, les manifesté.
Pero me llegaría en la travesía la rebeldía de un Fray Luis de León
Ya que bien sabemos que "cuando no hay justicia, es peligroso tener razón".
Esto me llevaría a ser rebelde, como mi padre y el suyo, sin posible confusión.

Algo que comprobaría desde la diversa geografía de mis estudios primarios
Y mis invariables vacaciones con mi abuela, ayudando con ganado
Y el acarreo de la caña de azúcar cultivada hacia los ingenios azucareros
Ampliados con un amplio y tolerante bachillerato en el Instituto Nacional
Y donde me correspondería, un Día del Estudiante, el curso de Filosofía dictar,
Antes de la simbólica graduación, con diversos y conocidos compañeros meritorios.

II - Invocando la razón, estudiaría Derecho.

Daría Inicio en la Facultad de Derecho en Panamá a mi estudio
Con base seguramente en el interés tempranamente expresado
Mas la misteriosa convicción de lo sobrehumano que resulta juzgar al individuo,
Y el estímulo del excelso Procurador General, otro De León, Don Víctor
Quien en el salón de clases me recordaría el valor de mi abuelo paterno.

Poco después, marginalmente, un estimulante concurso de oratoria ganaría,
Por el reconocido Profesor José Isaac Fábrega patrocinado
Con el tema siempre recurrente del Cesarismo Democrático.
Y seleccionado para colaborar sería en el Centro de Investigación Jurídica.
De no menos consecuencia resultó mi escogimiento como pasante de abogado
Para laborar en el bufete Tapia. Ricord & Phillips, muy reconocido por cierto,

Mientras continuaba con asiduidad mis estudios nocturnos en la Universidad.
Pero ahora, ante la Junta Administrativa como representante de mi Facultad.

Debido al movimiento estudiantil universitario, en Argentina generado,
Y luego extendido por toda Latinoamérica, llegué a participar activamente
En la negociación, redacción e implementación de un importante Pacto,
Llamado De la Colina, ante los desmanes de la Guardia, políticamente beligerante.

Visitaría Los Estados Unidos, ese mundialmente destacado País-Continente,
Para proseguir con dedicación un curso de diez semanas en el idioma Inglés,
Que resultaría en la aprobación de tres cursos simultáneamente,
Dado mi propósito de cursar postgrado en Inglaterra, como máximo interés.

Ya en la Facultad, durante mi último año, justo y adecuado me pareció
Formalizar mi relación con mi admirada Denia, quien igual completaba sus estudios.
Y una vez lograda la finalización del respectivo sexto año universitario de ambos,
También a nombre de mi promoción pronunciaría el correspondiente Discurso.

Postpondría nuestra ya acordada primaveral boda con Denia,
Mientras de ella y de toda mi familia inmediata me despedía
En triste Ocaso, sabiendo que procuraba construir para el mañana,
Al salir de nuestro cosmopolita aeropuerto internacional de Panamá.

Dirigiéndome, con mi maleta llena de sueños, a Inglaterra,
A estudiar en otra lengua y sobre todo otra cultura,
Que profesa a la Ley, a sus aforismos y a sus Jueces respeto,
Ya que, con sus fallos, siempre sus Leyes se han creado.

Y en lo religioso, a diferencia del otro lado del Anti Hugonote Canal,
Más cerca de Lutero y Calvino que del Concilio de Trento y la Contra Reforma.
Cuando en un mismo momento, la angustia despierta ante lo fundamental,
Al comprobar también que allí, la ilusión a todos llena el alma.

Mas volviendo a la Ley, recordaba que la profesión de las Leyes había abrazado sin demora,
Pero sin comprender las históricas limitaciones que al gobernante la Carta Magna imponía.
Y ahora, con mis tres hermanos, de la mano de Minerva-Atenea, en celeste armonía,
Todos encaminados hacia el bien y a la correspondiente profesional dignidad y conciencia,
Seguido por el futuro genetista y dos médicos con especialización, me embarcaría para Europa.

Todo, sin olvidar al hidroavión que un día a Nueva York trasladó a mi padre becado.
Y con abundantes racimos de una misma pasión, pero diversa lira y vocación,
Avanzaría yo enamorado y tras mi postgrado, igual que mis hermanos, con máxima ilusión,
Se dirigieron ellos a Francia e Italia en el intelectualmente selecto Continente Viejo.

III - Llegada a London School of Economics and Political Science. (LSE)

Con la mirada fija en la nueva aurora de inspiración profesional que había soñado
Llegué recomendado, aunque para estudiantes alemanes, a un reputado hospedaje.
Ese primer día unas pocas cuadras caminé curioso hasta el High Park famoso y enorme,
Donde un niño pequeño, como recibimiento de jardín, me lanzaría su bola grande color rojo.

Y esa misma tarde un curioso radio portátil blanco compré para ayudar mi oído con el idioma.
Pronto visité también hospedajes recomendados por LSE, hasta alojarme con la culta Mrs. Tole.
Quien a su buen dominio del Inglés, por haberse educado en Bélgica, añadía el manejo del Francés.
Así, hasta Iniciar y avanzar mi postgrado, repitiéndome que la oportunidad era en verdad suprema.
Al tiempo que obtuve elogio por mi Inglés de un venezolano con varios años de residencia en Inglaterra.

Algo que también me confirmarían allí varios de los otros doce napoleónicos latinoamericanos
y unos seis españoles, todos miembros de alguna familia verdaderamente ilustrada o adinerada.
Pronto me llamaría la atención, además, que la Biblioteca siempre llena totalmente estaba
y hasta, a la hora de su temprana apertura en la mañana, en larga fila esperábamos.

Rutinariamente almorzaba en la cafetería de LSE e infrecuentemente en restaurantes de India o italianos.
Pero el alimento de la mente y el espíritu era lo que apreciaba, dada la riqueza académica que recibíamos,
Tanto en los cursos regulares como en su muy conocida vida extracurricular única y extraordinaria.
Mi absoluta dedicación me permitió la nota máxima de todos los que a los exámenes nos presentamos.

Debo subrayar que, para imparcialidad, esas pruebas las corregían en la Universidad de Cambridge.
Y lo que me daría el derecho a un tratamiento especial como estudiante distinguido en adelante.
Era una sorpresa particular lo que me aguardaba, como de rosas fragantes, tras un viaje de relajamiento,
Que estimé necesario, tras el esfuerzo extraordinario, a Escocia en el relativamente solitario Norte.
Puesto que allí buscaría estar solo y reflexionar sobre el momento y el todavía infinito futuro.

En adelante, mi tutor sería Lord Chorley, quien merecía el respeto evidente de sus colegas profesores,
Y cuya fama mundial como miembro, además, del House of Lords había llegado a Panamá para entonces.
Así, al culminar mi segundo año, como Asistente de Cátedra de Derecho Marítimo, recibí especial oferta.
No era fácil decidir si continuar en Inglaterra, donde también recibí otras ofertas tentadoras y especiales.

Mientras lo pensaba, emprendí viaje en Verano y por tierra a Escandinavia, con compañeros canadienses,
alojándonos en bien administrados "hospedajes estudiantiles" y disfrutando variedad de sus quesos especiales.
Hasta cuando ya en Estocolmo, la capital de Suecia, al salir de una ópera, tuvimos un accidente de tránsito.
Como el propietario de nuestro auto tenía que aguardar la cita de tránsito, y yo no podía esperar las autoridades,
Hube de regresar por tren y barco, hasta la ya familiar Inglaterra, emprendiendo de vuelta el camino recorrido.

Al regresar, igualmente retornaría a cierta rutina, como la de los muy pocos "Días Libres" pasar
En la Biblioteca del Museo Británico y, al mismo tiempo, procurar no perder sus dos conferencias diarias.
Al igual que hacer algunas pausas en las extensas lecturas especializadas en Derecho y Ciencias Políticas.
Con lecturas de Winston Churchill y su Historia de las Gentes de Habla Inglesa, así como lecturas de Literatura,
Hasta cuando, finalmente, emprendería viaje de regreso a Panamá, tras peregrinaje por Europa Continental.

IV - Regreso a Panamá

Con mi llegada a Panamá me reintegraría al bufete que aguardando me esperaba
Pero que ahora, con la inclusión de mi nombre, se llamaría Tapia, Linares & Lasso.
Y emprendería un Intenso ejercicio profesional con internacional y enjundiosa clientela.
Pero arribaría con mayor visión profesional y un manejo del Inglés, por demás ampliado.

En lo personal, envuelto en la gracia de mi novia mantenida con tesón,
Y con la ayuda de cartas frecuentes que el Atlántico puntualmente cruzarían.
Pronto, en medio del aplauso familiar, me casaría y el futuro nido entretejía
Y, para mi buena estrella, Ah! como polluelos, los muy nobles hijos llegarían
Entre plumajes y como flores de prodigio, en medio de una muy añorada canción.

Y para mayor bendición, pero con sed de auténtico beduino,
Ignoraba que, con mi coraza moral, volvería a atravesar los mares.
Y, desde lejos, como nos manda nuestro poeta Ricardo Miró,
Poder siempre, y con los hijos, querer más a la Patria en sus dolores.

V – Desarrollo en Panamá

Y así, tal vez como una consecuencia de la representación profesional de un banco extranjero
Se facilitaría la compra de mi residencia en la bien ubicada y en creciente desarrollo Calle Cincuenta
Y sin buscarla, me llegaría oferta de Arias, Fábrega y Fábrega (ARIFA), en Panamá el bufete más antiguo,
Al invitárseme a integrarme a esa firma iniciada por los doctores Harmodio Arias y Julio Fábrega.

Tras dos meses de consultas, entre otros con Don Basilio Ford y la colega Dora Reluz, acepto el cambio.
E inicio mis labores en ARIFA, incluidas reuniones especiales con Don Octavio Fábrega en tardes y de noche.
Además de la oportunidad de tener acceso a expedientes del Dr. Harmodio Arias y su meritísimo estudio.
Al tiempo que financiaría la compra de casa en Playa Coronado y un terreno que cultivé en Altos del Lago.
Allí me sentí solitario, y en medio de cuya selva sagrada, hasta la divina flauta del Dios Pan escuché.

Mientras que, en otros fines de semana, en el Club de Equitación, compartía y disfrutaba.
Pero tras violentas y confrontadas elecciones, en Octubre del Sesenta y Ocho, "un Golpe de Estado".
Y como consecuencia la salida para la Zona del Canal del Dr. Gilberto Arias, como refugiado.
Hijo único para entonces del ya fallecido Dr. Harmodio Arias, en Arias, Fábrega y Fábrega.

Esta exclusiva acción de militares, sin participación de civiles, dividiría al país y las familias
Entre quienes creían en superar las eternas crisis irreconciliables, como una vital necesidad,
Y quienes miraban los nuevos acontecimientos como una mera repetición en América Latina
De la intervención militar, a veces prolongada, en tantos países y desde siempre bien conocida.

Para esos días participaba, activamente por demás, en el Panamá prestigioso Club Rotario.
Y pronto obtendría la dignificante Cátedra de Derecho Mercantil en la Facultad de Derecho.
Allí me correspondería acompañar a un grupo de estudiantes y a su profesor de Derecho Penal.
Cuando participé en encuestas en la Isla Penal de Coiba, en significativo viaje de estudio.

Desempeñé paralelamente el cargo de Presidente Reelecto del Instituto Cooperativo Interamericano.
Igual que me desempeñé como asesor legal de La Cruz Roja Nacional, en ese tiempo.
Y fui miembro de la Junta Directiva de proyecto internacional para niños huérfanos.
Mientras atendí necesario proyecto de viviendas, junto a la Ciudad de Colón, de ingenieros chilenos.

.

De mayor consecuencia mi designación en Comisión Presidencial de siete miembros, debió ser.
Presidida por el Dr. Ricardo J. Alfaro, para muchos el máximo exponente internacional
de la intelectualidad panameña en el Siglo Veinte. Pero al concluir un Nuevo Código Electoral,
y con urgencia, se había decidido no celebrar elecciones y mantenerse indefinidamente en el poder.
Comprensivamente, a partir de ese momento, el Comandante no le contestaba el teléfono
Al Dr. Alfaro, lo que sugiere la metáfora de una pirámide invertida de valor ciudadano.

Mas, durante esas labores surgió larga asociación, con el Dr. Boyd, que se habría de desarrollar.
Pronto compartiríamos la labor de la Corporación Financiera Nacional (COFINA) y su promoción.
Para entonces se me nombró y anunció por televisión como Procurador General de la Nación.
Lo que no acepté por no aparecer cómplice de lo que después revelaría la Comisión de la Verdad,

Pero en COFINA hasta me correspondió viajar a la Ciudad de Washington
Para obtener un valioso e indispensable préstamo del trascendental Banco Mundial.
Además, y de significación, por encontrarse la Asamblea Legislativa Nacional
Suspendida indefinidamente por el Gobierno Militar, resultaría otra designación.

A la Asesoría Legal, me refiero, del prestigioso Consejo Nacional de la Empresa Privada (CONEP).
Siendo el CONEP una Super Cámara de Comercio, en todo el territorio nacional, muy magna.
Para entonces también al Japón iría especialmente invitado por mi cliente Japan Tuna
Igual que visitaría, como asesor de la Cámara de la Construcción (CAPAC), Haití y República Dominicana.

Otras gestiones, internacionales, me llevaron en ocasiones a la Venezuela de sus mejores tiempos,
Donde nunca podré olvidar una cena que me ofreció un cliente amigo y un grupo de sus allegados,
En prestigioso restaurante español, y donde conocería seis de los en Venezuela llamados Doce Apóstoles.
Personas con mayor dinero en el país, según el Dr. Diógenes de la Rosa, nuestro Embajador en varias ocasiones.
¿Y qué decir del buen declamador y la excelente pianista invitados para en aquella reunión amenizar a todos?

El Sindicato de Industriales, de regreso al país, y con lema "Desarrollo Económico = Desarrollo Industrial".
Celebraba su reunión anual, donde expresé ante el Comandante y futuro General que por principio me oponía
Al varias veces manifestado interés por eliminar la prioridad del gasto educativo según la Constitución Nacional.
Lo que conllevaría la quema de mi oficina, justo después de esa inolvidable reunión en la conocida Isla Contadora.

En esos mismos tiempos pasé a ser, de la Comisión Panameña de Derechos Humanos, Miembro Fundador,
Además obtuve pequeño préstamo bancario para una limitada inversión en ganadería, que deseaba con fervor.
Tras viajes en mi carro los fines de semana a Santiago y a caballo al Sur de Veraguas, pude pagar al banco.
Pero la experiencia, ampliamente satisfactoria, resultaría totalmente interrumpida por mi entonces exilio.

Consecuencia del problema surgido con otro cliente, El Banco de Ultramar, tras el llamado "Viernes Negro",
Que en Venezuela se produjo tras medidas adoptadas entonces de control monetario por el Gobierno.
Y cuando ese banco resultó afectado, vendría la exigencia de un millón y medio de dólares en extorsión,
Que se me exigió en la Comandancia de la Guardia Nacional, y con amenaza de decapitación.

Y así, como dejo dicho, antes del agitado viento del exilio,
Extensamente continuaría por muchos lugares viajando.
Sorprendido en un principio, hasta por diversos continentes.
Por supuesto, apoyándome en mi Español e Inglés y algo de Francés.

Reflexionando con frecuencia, como en un campanario,
Procuraría en lo posible funcionar sin premura y sin horario.
Y al comunicar por costumbre mis preguntas frecuentes:
¡Qué afortunado resultaría, gracias a ese hábito recurrente!

Debo señalar el recorrido efectuado con mi esposa Denia por Europa.
Ocho países incluiría, relatando luego lo ocurrido en un libreto
Que luego publicaría y circularía entre amigos en Panamá,
Pero con elocuente prólogo de José Isaac Fábrega, mi maestro.

Igualmente, del Canadá Inglés o Francés, a Chile y Argentina en América.
Contando, menos dos, todos los países de nuestra Latinoamérica.
Ensancharía mis sentidos, como una experiencia musical con sonoridad de campana.
Y así en la vecina Colombia, tratándose también de medio-hermanos, y por la proximidad,
Daría repetidas vueltas, aguijoneado seguramente por más de una quijotada.

Hasta Buenaventura, en el Pacífico Colombiano,
Llegaría acompañando a un naviero español,
Abordando en nuestro Canal su enorme barco.
Pero todo cambiaría, por aquello de la falta de justicia,
Al iniciar el prolongado y político exilio que se extendería.
Gajes de la abogacía, durante intensos veinte años.

VI - Salida al Exilio.

Luego, con dolor, dejaría de ser abogado… y en tierra extraña.
Mas, para mi satisfacción profesional, en la llamada Capital del Mundo,
Ahora tengo una hija, políglota y eficiente, experta hotelera.
Más dos hijos, competentes y responsables abogados, en Lasso & Lasso.

Llevaría también a cuestas mi natural cuota del dolor humano,
Entre esa Caja de Pandora y libélula de esperanza que es el exilio.
Recordábamos al Cid desterrado y perseguido, mas no vencido.
Como resultado de la mala levadura que siempre en este mundo ha existido.
Lo que, de paso, nos hace más comprensivos, tolerantes y humanos.
Y que, a un mismo tiempo, debemos aceptar como buenos cristianos.

Aunque muchas preocupaciones del ayer ya remoto,
Resultarían en dolor, pesadillas y verdadero tormento,
Los caballos desbocados de entonces en rosas se tornarían,
Y en no lucrativas lunas de plata, que luego sólo sonreír nos harían.

Hay que seguir soñando y saber que durante la existencia no todo amanecer
Nos llegará con mañanero sol color naranja ni un atardecer celestial,
Ya que los grises del absolutismo en muchas partes han de aparecer.
Tampoco, toda estación del año se tornará bella como Venus-Afrodita,
Ni todo tiempo de porcelana, en un cielo que se hunde en alta mar .

Ni amorosas ilusiones de poeta permanentemente dejan huellas.
Como tampoco las fuentes pueden siempre lanzar sus lluvias al Cielo
O podremos escapar la soledad de noches sin vida, en las distancias.
Ni toda nueva penca, con el sol de la mañana se puede dar radiante baño,
Como aquéllas bien pulsadas guitarras, en playas tropicales veraniegas.

Jamás he conocido, en ninguna parte, sabios absolutos ni divinos santos,
Pero la vida sí me permitió tratar amigos selectos, nobles y venerables.
Alguno en Panamá, por su inteligencia, aclamado "Hijo de Dios".
Y por alegar en mi Tierra, como en calidoscopio, causas nobles,
Sin lograr cambiar mi rumbo, en medio de envidias y sempiternos odios,
La cicuta, algunos politizados, quisieron hacerme beber y en dosis dobles.

Sin participar activamente en política jamás,
Preferí el exilio que hoy contemplo en lontananzas,
Y desde siempre he logrado navegar,
Pero eso sí, sin la cerviz doblar.

Buscando concentrarme sólo en lo noble, de esa gran balanza
Que por doquier existe y que, en lo noble y lo innoble, se repite sin cesar.
He podido sí, en toda latitud, seguir estudiando en paz y a conciencia.
En Londres, Caracas y después Washington, puedo mencionar.
Y en algunas de esas mejores bibliotecas del mundo, sin a ello renunciar.

Lo que abogar me permitiría por nobles causas.
Y sin renunciar a mi esencial rebeldía ante el acoso.
Ni ante la incomprensión y la maledicencia humanas.
¡Hoy, en fin doy gracias, pues muy afortunado he sido!

VII - De Venezuela a Miami.

De Venezuela salí con mi esposa e hijos en esperanzado avión para Miami,
Con supuestas sendas visas de residencias, según mi abogado, ya por salir.
Pero eso sí, me esperaba la exitosa transición de mis dos hijas para el College
Al igual que mi hijo, en su avanzado bachillerato, para su quinto año o eleven grade.

Con abogados expertos, resultarían en cambio las gestiones de residencia legal, demoradas,
Hasta obtener ese vital domicilio y financiar un duplex o town house en Miami, Florida.
Con el pasar de los años, también haría recorridos por gran parte de los vastos USA y Canadá.
Mas, no sería hasta la invasión a Panamá, en el ochenta y nueve, cuando recibimos residencias.
Y el sorpresivo sobre que decía "your political asylum has been granted", nunca podré olvidar.

Sin residencia legal, obtener trabajo adecuado, se había hecho imposible
Pude, mientras tanto, obtener instrucción gratuita sobre pintura al óleo,
algo que, con un excelente pintor restaurador de iglesias en Caracas, había iniciado.
Al fin trabajé como bibliotecario legal, en Universidad Católica, hasta en la noche.

Tal como si, entre estudiantes avanzados, quisiese comprobar que a media noche
También existen flores de gran belleza que se deshacen al salir el sol mañanero,
Pues el calor en el país no resisten en los terrenos semi desérticos del Sur Oeste.
Algo que ví y hasta retrataría en un hermoso cactus de mi jardín floridano propio.
Luego sería funcionario asistente en varias biblioteca públicas de la Ciudad.
Estos trabajos permitían a mis hijos ser de tiempo completo en su universidad,
A la vez que podía continuar mis investigaciones sobre Historia y Ciencia Política.
Por algún tiempo hasta como asistente de abogado pude trabajar, en bufete penal.

Pero más significativo significaría que, sin programar detalles de antemano,
El día llegaría en que los vástagos, impulsados por su propio esfuerzo,
Se desarrollarían lejos de la Tierra que, por cierto, a todos nos vio nacer.
Y sus complejas profesiones, competente y noblemente, llegarían a ejercer.

Luego podría escribir en días calmados....
A pesar de que "nosotros los de entonces, ya no somos los mismos".
¡Qué afortunado he sido pues!
No alegatos en Derecho, en verdad son muchos de mis escritos,
Sólo para jueces superiores y a nombre de importantes clientes,
Carentes a veces del tiempo y la inclinación por tratados absorbentes,
Tal como sucede hasta con educadores y responsables abogados.

En vez de amargas y destructoras penas, luego reflexionaría,
Más cerca ya de los cincuenta que de los cuarenta,
Porque, tras largas jornadas, más de los sesenta tenía.
Y, afortunado, los mejores hijos y libros sabios disfruto ahora.

Igualmente, seguiré hasta el final estudiando y aprendiendo.
Final que espero sea como un cirio de claustro que se apaga.
Mientras, doy gracia por todo lo vivido,
Al igual que por la invaluable oportunidad de aprender hasta el final de la jornada.
Con bellos colores por presagio, desde aquel ya remoto amanecer risueño.

Ahora, en el Otoño de la vida, como mariposas de ilusión recuerdo
Las calles amistosas de mi entrañable pueblo coclesano.
Seguido por una sed de saber, partiendo de la duda y de la nada,
He logrado abrazar e interiorizar centros académicos de mundial valía.

Publicaría feliz mi primer libro, cinco años después de la llegada a la Florida.
Poco después se iniciaría el juicio penal trascendental contra el General Noriega
Y sería nombrado por mi exsocio, el Dr. Julio Linares, Ministro de RR.EE en Panamá,
Para que representase ante el Tribunal y sus autoridades al Gobierno de la República.

Dictada la condena en el llamado "Juicio del Siglo", se me nombra abogado de la Embajada.
Y me traslado por ello a Washington, para la toma de posición del cargo, que por dos años ejercí.
Allí realizo labor de promoción del país, más consultas legales, como si estuviera en Panamá.
Y, en adición, publico mi segundo libro, USA vs General Noriega (¿Amigo o Enemigo?)

Al resultar elegido en Panamá el Partido de Noriega y la Dictadura, a la Embajada renuncio.
Y regreso a Miami y a mi labor anterior como ya consagrado y casi experto bibliotecario.
Es entonces cuando el Ing. Moisés Castillo, Ministro de Obras Públicas en el gobierno de Moscoso,
Me ofrece la asesoría legal especial que acepté, pagada por la Organización de las Naciones Unidas,
Y ejercí en ese Ministerio hasta producirse, del Min. Castillo, su abandono del cargo por injustificada política.

Terminada mi gestión en el Ministerio, paso a laborar, otra vez como Asesor Legal
Pero esta vez para la transferencia al país de bienes inmuebles de la vieja Zona del Canal.
Allí renunciaría, igualmente, tras corruptas presiones políticas, y regreso a Washington y Virginia.
Para mi resultó triste confirmar lo poco que había cambiado nuestra estrecha y demente política.

VIII - Regreso a USA tras dos años en Panamá.

Al regresar a Los Estados Unidos, tras dos años en mi querido Panamá,
Procedería a vender mi residencia en Miami y así financiar un condominio en Virginia.
Y a ofrecer ayuda limitada a mis dos hijos abogados en Lasso & Lasso, en Washington.
Lo que me permitiría continuar, en la Biblioteca del Congreso, mi ya extensa investigación.

Para entonces publico mi primer libro en Inglés, Democracy on Trial: The Case for The Defense.
Que un día presenté en El Banco Interamericano, presentado por amigo profesor de historia.
Y comienzo a escribir poesías, por primera vez en mi vida, tanto en Español como en Inglés.
Publico luego, también en Español, La Democracia Histórica y América Latina, desde su alborada.
Al igual que bajo el título Vida y Obra de un Abogado, una enamorada profesional autobiografía.

Ya para el año dos mil dieciocho, The American Anglo-Saxon Democracy publicaría.
Y, como prueba de que he vivido, preparo un libro con mi selección de propias poesías.
Comienzo también gestiones para la segunda edición de mi primer libro, con adición esta vez,
Que contiene amplio análisis sobre el inicio de la colonización europea en América,
En el Sub-continente Hispano-Portugués y el esencialmente Anglo-Sajón de Estados Unidos y Canadá.

Como el laureado poeta Neruda, también puedo, entonces, decir: "Confieso que he Vivido"
A la vez que pedir con él "Que despierte el Leñador", Abraham Lincoln por supuesto.
Sin olvidar tampoco la oportunidad que le ofreció la vida, del propio partido ruso escuchar
Los supuestos crímenes de Stalin contra laureados camaradas, lo que importaba aclarar.

(firmado) Ricardo Lasso Guevara,
abogado con postgrado académico de Inglaterra

I NEITHER HAVE CLEAR NOR DEEP BLUE EYES!

*But...just the same because
I do have a big heart!
So big, in fact,
that is now satisfied and unchanged.*

*Is like dreaming with heaven
or discovering unexpected wise men,
after years of torment and loneliness,
likewise reflected in a mirror full-length.*

*Following a long nightmare,
you may also obtain a needed salvation
and reach that ethereal station,*

*when your angel appears, again and again,
descending from clouds, at the same time pink glown.
Oh my Lord, this dream is much more than I could earn!*

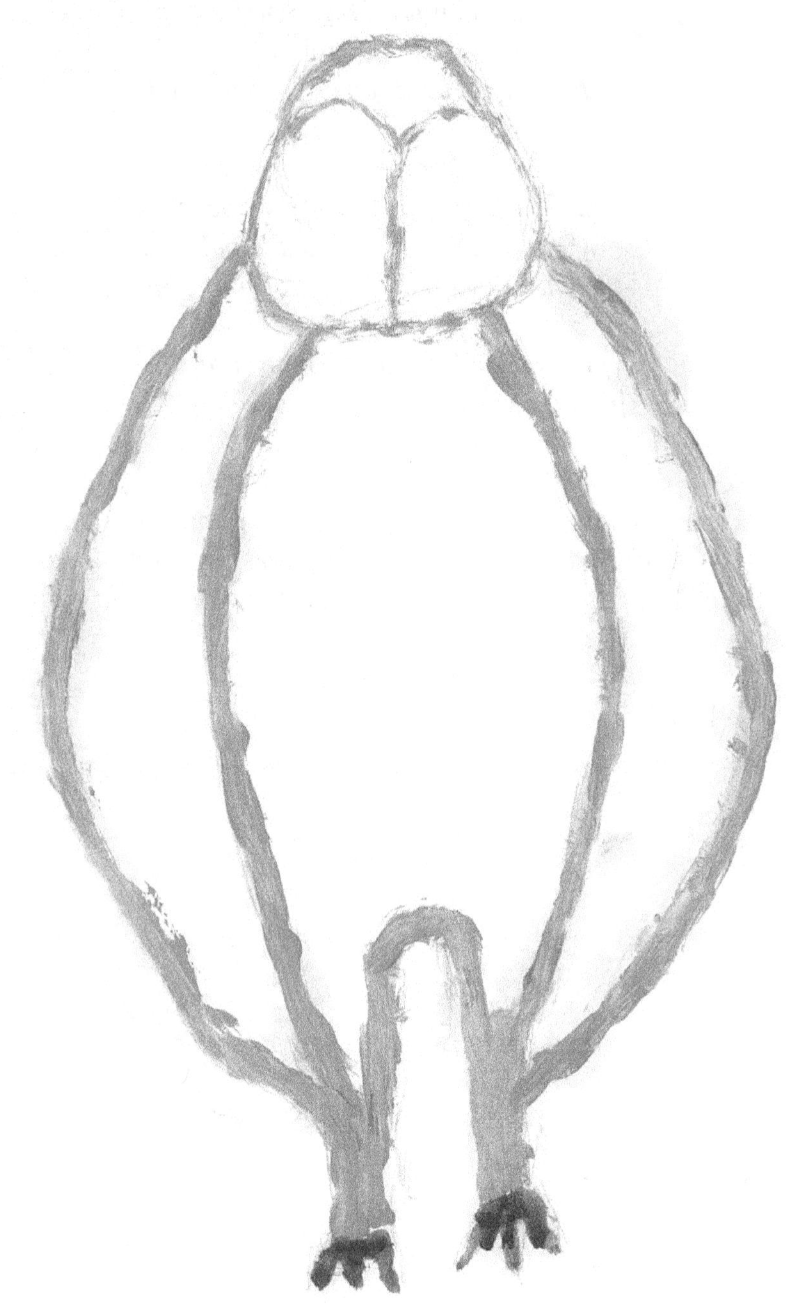

¡JUSTICIA TARDÍA NO ES JUSTICIA…NO SEÑOR!

A mis buenos amigos, desde antes de la Facultad, Marisol Reyes y Américo Rivera.

Primera Parte (El Mundo del Ser)

*Bajo la vieja tolda y palio de falsos Emperadores,
alguaciles hacen pantomima y seña y gesto inseguro,
mientras al pasar murmuran sus trabalenguas rituales,
y en la oscuridad de sus legajos, repiten dudas de escalpelo.*

*Partiendo del "derecho de acusar", en ese ambiente malsano,
se van acumulando las Resoluciones contra las honras ajenas,
como si las penas se ahogasen durante largas noches de verdadero pantano.
Ya que la razón no impide sus injurias y tinieblas.*

*Además, nada más doloroso, como en las parodias,
que la espera. ¡Ah…es que son sólo tonterías!
¿Cómo despejar entonces el humo de la nada,
si por las grietas son politicastros quienes mueven la cuerda?
¿No es acaso mayor y más triste y agudo el mal,
cuando, como el poeta, se tiene el corazón de cristal?*

*Y si la antorcha de la pasión denuncia al pescado maloliente,
tanto el de ayer como el de hoy y el de mañana, ¡Válganos Señor!
Aún víctima de la acusación cobarde, temeraria y del chantaje,
habrás de tener cuidado, pues ni cuando "las cosas huelen mal", hay perdón.*

*Ya más pareciera que, desde siempre,
el viejo Orden del Día que nos asfixia,
alejando un auténtico progreso ausente,
es la agenda colonial emigrada a la República.*

*Así resulta mejor, para algunos, festejar libando cual Dioses ambrosia,
con los mismos que molerte ansían en sus añejos trapiches,
para tras la molienda, y con el color de caña quemada, sin duda ni porfía,
lanzarte, cual bagazo humano, al vertedero de las incomprensiones.*

Segunda Parte (Para Muestra un Botón)

¿Qué de extraño, entonces, ha de tener,
cuando cabalgando, te rodean lodazal y ortigas?
¡Caíste en la trampa!, alardean papagayos animosos.
Los mismos que aguardan a clavarte las espinas.
Preferible el ritmo de camellantes orgullosos
en su mundo amoral en que poco has de valer.

Sin esquilmarte el alma aún, las semanas van y vienen.
Mientras, observan, atentos, minúsculos personajes.
En días más largos o cortos, como los que tienen
los ya desechables y vencidos calendarios-acordeones.

¡Por suerte me enseñaron mis padres, educadores verdaderos,
a vivir y morir sin veneno, pero eso sí, con una coraza moral!
Como el tronco de macano negro, en el centro de los bramaderos,
o como aquellos maderos fuertes y veraces, de los Ollanta guerreros.

Además... la conciencia nos aplaude.
Aquélla de que, un día, habló Eusebio Morales,
impidiendo nuestro pasado naufragar en el aguaje.
Con anclas sólidas, confiables, limpias y estables.

¿Y de la esposa qué? ¡Pues que continúe su azul lamento!
Manteniendo sola la llama del hogar, y como prueba de que puede.
Fiel Penélope, en fin, pasa el tiempo, no tejiendo y destejiendo,
sino leyendo y releyendo... en los idiomas que sabe.

Tercera Parte (El Mundo del Deber Ser)

Mas el día llegará, como si nada ha pasado,
con las clarinadas sonoras de una nueva aurora.
Estamos seguros, y de hecho percibimos sus fulgores y destello,
más los inconfundible tonos de la tricolor enseña.

Es la misma aurora-catarsis de que un día nos hablaba
nuestro querido maestro, sumo catedrático y amigo,
Don Víctor De León, unas veces risueño,
y otras implorando con voz admonitiva,
para que fuese posible el Debido Proceso.

Es cierto que, a veces, el inhóspito arenal por delante
nos parece sin fin…"¡Hurra cosacos del desierto!"
Pero es que ya el mal debió ser de suyo viejo,
cuando Don Erasmo, en La Corte, lo tuvo presente.

Al entonces Presidente de La Corte debimos acompañar,
invitados al exterior para ayudar a combatir el mal,
y a predicar en resonante campanario una "vacuna" para lograr,
en lo posible, recortar los avatares sin fin del proceso judicial.
¿Habrán olvidado muchos, y por completo, a esas frentes soñadoras?
Es sano tener presente al Procurador competente y a Jueces superiores,
ya que más que nunca precisa hoy mantener, como un recuerdo bendito,
su lección y su legado de que la medicina preventiva supera a los litigantes.

Como pueblo, ya no podremos tapar más el sol con un dedo.
Practiquemos pues, austeros y sin torcidas reservas, los arbitrajes,
para que sus fallos sean, de la Diosa Ciega, el mejor tributo…
Suprimiendo, a un mismo tiempo, la vieja tolda y palio de los Emperadores.

LA PIEDRA FILOSOFAL

Tal como expresara sabiamente el inspirado rimador persa Khayám,
Durante sus gloriosas temporadas del Siglo Once, algunos recordarán
Que, ciertamente, con el pasar de los días, los meses y los años,
Diversas experiencias, gratas y no tanto, pero muchas, se aprenderán.

Entre las más benditas y nobles …. a comprender y perdonar.
Tal ocurrirá con el profesor, que tanto nos elogiaba al estudiar.
Pero a quien una mala pasada de la naturaleza hizo trastocar.
Y a quien unos políticos cómplices, y con botas, habrían de premiar.

Y qué decir del compañero de estudios con quien llegamos a pensar,
Con exquisito intelecto, la igualdad entre los hombres aspirar.
Pero quien, luego, aceptaría integrar la "Nueva Clase" Nacional
Mientras lo antes compartido, con total amnesia, olvidar.

O del profesional supuestamente cercano que a su hijo dio la espalda,
Mientras de su esposa frecuentemente escapaba y hasta acusaba
Por los tormentos y verdaderos dolores que sufría su vástago-directo
Mientras seguía aplaudiendo a quien, a mansalva, el aldabonazo les daba.

¿Y qué añadir del asociado que procuraba aprovecharse de un cliente
Inicialmente suministrado debidamente por mí al común bufete?
Y a quien atendía socialmente en otra ciudad, con especial disimulo,
Pues evidentemente representaba importante dinero contante.

O acaso perdonar a quien soñaba con una gran fortuna,
Por demás inexistente, que intuía en alguna cuenta bancaria.
Cosas de ayer y de hoy, en todas partes y en todas las épocas,
Que ya Khayám, también en su día diáfanamente nos revelara.

Con todos ellos, a lo Cervantes, elaboraré una bien entretejida novela,
En que combinaré el idealismo de El Quijote, allá en La Mancha.
Pues todos ellos, en el fondo, fueron buenos y hay que perdonar.
Además, con lo aprendido, supimos que lo anterior suele pasar.

LO HUMANO DEL DEBER SER

Un alma noble, al amanecer o comprender al fin del día el resultado,
Entenderá que de humano no ha de presumir si no tienes el alma pura.
Aunque al ascender, la injusticia le tendrá bien marcada
Y con negra tinta, de presidiario, una camiseta descolorida.

"Justicia tardía no es justicia!"… pero hay que explicarse y perdonar
Al igual que… ¡cuando no hay justicia, es peligroso tener razón!
Y para supuestos abogados lo anterior nunca sea de lamentar
Al igual que un colega calumniado merezca doblemente perdón.

Tal vez sea preferible morir en la oscuridad
O al amparo de unos ojos verdes…. soñadores,
Experiencias que hemos confrontado…. en soledad

Sin estrellas en una noche triste ni luminosos arreboles,
Mientras acrecienta la sana conciencia, sin temores,
De que el día llegará, como si nada ha pasado en verda

ROSTROS INEXPRESIVOS

Que es tan sólo un ideal del carácter, se afirma con gran firmeza,
Mantener un rostro sin reflejar emoción ni sentimiento ni rudeza.
Y así esconder, silenciosamente, emociones positivas y negativas
De las cuales la humanidad suele aprovecharse en contra nuestra.

Por algo muchos religiosos, varones o damas, adoptan esa actitud
Y escudo mientras practican en toda época y circunstancia éticas puras
No olvidemos nosotros esta lección, cuestionada en algunas culturas
Donde es más espontáneo y común el festejo y la alegría a plenitud.

Por encima del bien y el mal, de lo equitativo y de lo justo o injusto
Aprendamos de los religiosos y no de las máscaras sin alma virtual
Y sin olvidar que la vida nos presenta a diario su propio claro-oscuro.

Aprendamos igualmente a superar las tiranías, a diario y hasta el final,
Las de hoy y las de siempre, pues lo habitual se torna rutinario
sin pensar, y nuestra conducta nos acerca a ese rostro inexpresivo ideal.

WASP AMERICA VIS A VIS THE MELTING POT

Are we really divided and in a profound crisis?
Like countries in the South of the Americas,
From where many reputable individuals leave in catharsis,
Persecuted by aggressive hyperactive all kind of autocrats.

In Banana Republics, glorified Dictators micromanage the country.
Offering what eventually becomes the precise peace of the graves.
But there they never had Magna Carta or independent judiciary.
Neither tradition of local government or correct Second Amendments.

In which old Militias had the right, and the duty,
To carry muskets, before the creation of an army,
Democratic and constitutional, not rights of any kind
For Nazis racists, which we already defeated in their land.

And yet, we are all parts of the same country, treachery divide,
By some anti-Christ, without honor, who admire absolute power.
While nobody is inclined to go back, no matter who, from where they came
And shameless yes men, without backbone, from a previous party, now flower.

From apparent dichotomy, looking at extended multi-racial protests
In thousands of big cities and small and medium towns, from cost to cost,
Two honest perceptions of the essence of the Nation emerges
How many understand the real nature of the country as we must?

Are the WASP and the Melting Pot both honest conceptions of the Nation?
Can all the so call minorities agree, the red, the black, the brown and the yellow?
Representing the only Natives, African American, Latin American and Asian American?
Notwithstanding that police abusive crimes against minorities may still follow?

Even European immigrants were not mainly Anglo-Saxon Protestant
Let alone those coming, as we know, from all corners of the world.
This is truly a unique country of immigrants, some still have to understand
That we will be, more and more, a great and unique mélange mix-up.

Yes, this time we are all correct and right, and for a reason
Politically Anglo-Saxon and socially a unique Melting Pot
That should remain united and with special motivation
Because not all marchers are, for sure, thugs. It did not.

Signed by a Concerned Citizen – June 2020

RENAISSANCE AND REFORMATION

In his well-documented book, *The Cities of the Middle Ages,* Henri Pirenne explains how, at the end of the long medieval period, Europe was well prepared for the two significant ideological developments it was about to experience in the following centuries: "the Renaissance, an offspring of the laic spirit, and the Reformation, to which it was conducted by the religious mysticism."

In most of Western Europe, yes, but not in Spain. There is no way to witness in Spain at that time either a strong offspring of the laic spirit or any major attempted religious reform. On the contrary, the Spanish mystic of the Counter-Reformation might accept that reason and fait should be eternally linked as a way of knowing the world, but only as long as the state and the educational establishment submitted to official religious control, judgment and command.

ALGUNAS CITAS ILUSTRES

Nos permitimos a continuación algunas referencias que llaman la atención al tema *hispanoamericanos y norteamericanos*, abordado comprensivamente por el distinguido colega Mariano Baptista en su libro antes mencionado.

Entre éstas, hay innumerables citas desde los días de Louis de Armand (1747-1793), de Sergio Buarque de Holanda (1769-1859), así como desde José Carlos Mariátegui (1894-1930), Mariano Picón Salas (1901-1963) y José Manuel Briceño Guerrero, nacido en 1929 y recientemente fallecido en 2014.

La autobiografía de Louis de Armand resulta pertinente, porque alude al período justo antes de la Revolución Francesa y durante la Independencia de los Estados Unidos. Sin embargo, él termina guillotinado, igual que su esposa, durante el *Régimen del Terror.*

Más concretamente, Sergio Buarque de Holanda, una de las máximas figuras de las letras brasileñas, se refiere a *la experiencia colonial de su país como un obstáculo para el establecimiento de la Democracia.*

Por su parte, José Carlos Mariátegui, viaja desde su nativo Perú por varios países de Europa, incluyendo Francia y Alemania y se radica por varios años en Italia durante el surgimiento de la dictadura de Benito Mussolini. Al regresar al Perú, se referirá al fascismo como una respuesta a la crisis social de cualquier país.

A su regreso de Europa, Mariátegui pasó a formar parte del naciente partido político APRA, fundado por Víctor Raúl Haya de la Torre. A éste tuve la oportunidad de conocerlo personalmente y dialogar extensamente con él después en Londres, ya en su madurez, cuando había renunciado desde mucho antes al marxismo, por el cual sintió simpatía durante su juventud.

A su vez, los distinguidos hombres de letras venezolanos, Mariano Picón Salas y José Manuel Briceño Guerrero, contribuirán notablemente al tema de la identidad cultural y necesaria unidad continental de la América Latina. El primero se ve en la necesidad de exiliarse en Chile durante la extensa dictadura de Juan Vicente Gómez. De vuelta a su patria, ya para el año 1944, publica su obra *De la Conquista a la Independencia,* como una síntesis de la unidad cultural latinoamericana y sus relaciones a nivel universal.

Para Briceño Guerrero, un políglota con dominio de numerosos idiomas y culturas, lo fundamental es buscar, dentro de nosotros mismos en la América Latina, un ejemplo de *unidad fraternal.*

Si no fuese porque extendería, desproporcionadamente, este texto, también pudiésemos tener numerosas citas de nuestros ilustres istmeños Justo Arosemena (1817-1898) y Eusebio Morales (1865-1929), del uruguayo José Enrique Rodó (1872-1917), e incluso del español Salvador de Madariaga (1886-1978).

El Dr. Justo Arosemena, jurista, considerado el máximo exponente de la intelectualidad panameña durante el Siglo XIX, en su condición de representante del Istmo en el Congreso de la República de Colombia, logró en 1855 que se creara constitucionalmente El Estado Federal de Panamá.

También en Panamá, durante 1909, el Dr. Eusebio Morales, habría de criticar la creación de escuelas para la enseñanza de "sólo un aspecto de las cosas, sólo una faz de las doctrinas, sólo un sistema de ideas sin discusión ni examen", como sigue ocurriendo hoy en los totalitarismos de izquierda o de derecha.

Es posible asumir que a todos nos interesa, igualmente, saber lo que dicen sobre el tema latinoamericano un Luis Alberto Sánchez (1900-1994) y un Octavio Paz (1914-1998).

Y, fuera del Continente, es también importante el impacto y la intensidad que nos produce el hecho de que el Jefe de La leal oposición de su Majestad ("The loyal oposition of his Majesty") recibe desde hace muchos años un salario de la Corona para que realice su trabajo de oposición política y su labor de fiscalización... y no se encuentre en desventaja del Primer Ministro. ¡Evidentemente, esto resulta una sabia medida más contra la corrupción!

Por algo nos decía el Profesor José Isaac Fábrega, nuestro querido maestro de Ciencia Política en la Facultad de Derecho, en el prólogo a una publicación mía sobre consideraciones culturales y políticas de la

Europa de fines del Siglo XX: ¡Qué país de países este de Inglaterra en que la oposición es consagrada oficialmente como esencia del Gobierno!

Tal vez por ello, sugiero a quienes fueron después mis propios alumnos en la Facultad, que se inclinen también respetuosos ante un Fernando Díaz-Plaja (*Otra Historia de España)* y un Carlos Rangel (*Del Buen Salvaje al Buen Revolucionario).*

Pero, volviendo al meritorio intelectual boliviano Mariano Baptista, él nos presenta el siguiente contraste: Frente a los conductores de la independencia iberoamericana, como sucede con Bolívar y San Martín, "existe una especie de culto religioso que…los convierte…en algo sagrado…"

En cambio, en los Estados Unidos, entre los forjadores de la nacionalidad encontramos "a algunos presidentes como Washington, Jefferson, Lincoln, F.D. Roosevelt, Kennedy (pero también) a capitanes de la industria como Valderbilt, Carnegie, Rockefeller, Ford… inventores como Edison, científicos como Einstein…y hasta existe una sub-categoría de ídolos y héroes del folklore…"

También enfatiza Baptista que "La mente del latinoamericano es por lo general deductiva, esto es, se inclina a deducir una serie de conclusiones partiendo de una sola premisa." Mientras que, para él, "La mente del anglosajón es frecuentemente inductiva: es decir, prefiere llegar a una conclusión, a través de varias premisas."

En el Capítulo V de *La Democracia Enjuiciada: Alegato de la Defensa,* me refiero en detalle a lo que al respecto representó la obra *Novum Organum,* de Francis Bacon, para el desarrollo científico de la Gran Bretaña a partir de los comienzos del Siglo Diecisiete. Me refiero justamente al remplazo del sistema deductivo por el inductivo.

Curiosamente, eruditos musulmanes como Raphael Patai discuten también esta tendencia muy nuestra, pero tal vez heredada e influida por los ocho siglos de conquista árabe en España. Recordemos que, después del Latín, el Arabe es la lengua que más ha influido en nuestro idioma.

La Democracia Enjuiciada, página 182, me he referido *in extensu* a esta mentalidad en sus variantes positivas y negativas. Aspectos positivos son tales como "el fuerte vínculo familiar" (cuando existe la familia, claro está) y el "énfasis en la hospitalidad". Mas, por otro lado, nos encontramos con la "aversión al trabajo con las manos" y "la tendencia a culpar a otros por nuestra falta de desarrollo científico y tecnológico".

Patai, también expresa en su libro *La Mente Arabe,* que culturalmente "la mente tiende más a depender de palabras que de ideas, y más de ideas que de los hechos". Y añade aspectos como "el incurable romanticismo" y "el sentido del honor", que a veces impulsa a excesos devastadores, no sólo en las personas, sino que incluso en naciones, como hemos visto recientemente en los Balcanes.

Algunas de estas características pueden encontrarse, en general, en países de la cuenca del Mediterráneo.

Sobre este particular, podemos aludir al análisis de varios eruditos árabes que se han dedicado al tema, sobre todo después de la invasión de Napoleón a Egipto a comienzos del Siglo XIX.

DE CONFUCIO, REFLEXIONES EN PROSA, 500 AÑOS ANTES DE CRISTO

"Estad atento a lo que decís, para no decir nada superfluo; de este modo raramente cometeréis faltas".

El País "carece de leyes y dirección hace ya mucho tiempo".

"El hombre de estudios cuyo pensamiento va enderezado hacia la práctica de la razón, pero que se avergüenza de llevar malos vestidos…todavía no es apto para escuchar la santa palabra de la justicia".

"El hombre superior no se ocupa sino en la observación de las leyes; el hombre vulgar no piensa sino en los provechos".

"No os inquietéis porque no ocupáis empleos públicos; pero inquietaos por adquirir los talentos necesarios para ocupar esos empleos".

"No os aflijáis porque todavía no sois conocidos; pero procurad ser dignos de serlo".

"La madera podrida no puede ser esculpida".

"Debe llamarse ilustrado quien es inteligente y le gusta el estudio".

"Yo querría procurar a los ancianos un dulce reposo; a los niños y a los débiles, prestarles cuidados maternales".

"Yo necesitaría a un hombre (una persona) que ejerce una constante vigilancia en la dirección de los asuntos; que se complace en formar planes y ponerlos en práctica".

"Si un hombre no hace ningún esfuerzo para desarrollar su espíritu, no podré yo hacerlo por él".

"Si me fuese concedido añadir a mi edad numerosos años, yo pediría cincuenta para estudiar… a fin de poder librarme de faltas graves".

"Mantenernos siempre respetuosos ¿no es también eso lo que nos hace capaces de gobernar?"

SECCIÓN V – VARIOS

CON REVERENCIA ANTE EL POETA

Al pensar en los poetas, procuremos acercar el oído al corazón.
Esto es lo que ellos se proponen con excelsitud y obstinación.
Ayer fueron bardos homéricos en circulares teatros de piedra
Y antes de Europa, ya en Oriente hicieron gala de erudición.

Se declamaban y se cantaban leyendas de amor y hazañas de guerras
Que deslumbraban a la audiencia con liras, violines y guitarras
Con los cuales acompañaban sus madrigalescas rimas al actuar.
Sobre todo, imaginamos, en noches alumbradas por lunas llenas.
Con coplas y décimas de fantasía, dedicadas a las musas,
A base de octosílabos y endecasílabos cuajados de idealidad.

Igual que juglares de hoy, con la inspiración y lirismo de siempre,
Acuden a temas que presentar en forma única y diferente.
Pero ¿es acaso posible ser original al glorificar la existencia
y hablar de la madre abnegada o la patria todavía inexistente?

¿Fluyen acaso rimas y seguidillas en forzosa repetición,
Al hablar de la democracia que definieron Pericles y Lincoln?
O atravesando, en el tiempo y la distancia, fronteras infinitas,
Al abordar la sabiduría, entereza y coraje de héroes como Caupolicán.
Que, para no ser Dioses, algún defecto de seguro tendrían.
¿Es que no hay fronteras para un ciego en fervorosa oración?

ODA A LA ESCUELA NORMAL DE SANTIAGO

**(Inspirada en El Himno al Maestro y
dedicada a los educadores consagrados)**

*Gloria al ser abnegado que cuida
Mientras pone la luz de la vida
En el alma moldeable de la juventud
Con el libro como bíblica estrella.*

*En sus manos no luce vieja espada,
Sino el texto como auténtica senda.
Tampoco aparece mortífero cañón
Sólo su ejemplo y voz como redención.*

*No hay combate que manche la tierra
Ya que es muy otro el teatro de su guerra
Y otros los laureles de pura heroicidad
Al igual que la verdad es su legítima contienda.*

*El error, su enemigo siniestro,
Es vencido al pasar el calendario
De una vida que es torrente de luz
Mientras pasa triunfante el maestro.*

**Por Ricardo Lasso Guevara, recordando cuando, de niño
y de la mano de su padre, uno de los primeros profesores,
recorría los pasillos...en busca de luz.**

¡HACE TREINTA Y CINCO AÑOS!

Pocos o muchos, son ya bastante más de treinta años
cuando llegué del Sur con mi esposa y tres hijos a Miami
procedente de Caracas, y no de Washington hasta aquí.
Y hoy regreso desde el Norte, recordando los años vividos.

Una dictadura latinoamericana entonces y otra ahora
me alejarían del terruño propio y del entonces extraño venezolano
Y, dentro de mis circunstancias, anticipando a mis hijos su futuro.
Así, la perspectiva me permite contemplar las rutinarias y agitadas olas.

Y las mismas aves marítimas continúan libres sobre las eternas olas volando,
mientras el hombre lucha en los mismos escenarios, incapaz de conciliar sus ideas.
Pretende ser un Dios imperfecto, que carece de valioso mensaje milenario.

Admiro tanto estas aves marinas, tan diferentes a las "Garzas Cautivas"
de que nos hablara sólo ayer nuestro máximo poeta Ricardo Miró,
que no han aprendido a volar, porque no saben que el cielo se ha hecho para ellas.

Miami, Febrero de 2020

TO FLORENCE ON HER SPECIAL 90TH BIRTHDAY

By Ricardo Lasso, Esquire. Her Neighbor and Friend

Delicate hummingbird of bright and attractive color,
You are a ray of wisdom in our morning garden.
And while every year we expect that stark in the Autumn,
Today, from Hawaii to Florida, your golden age we honor.
Are birthdays just open books and calendar numbers?
As perhaps, more than usual, that seems to be the case
While, all the same, the dreams flow with health and ease.
And when what matters is your handsome manners.
Is there, perhaps, when you open the door, a special secret?
Or a subtle reason to lift the spirit when you are discreet?
Please, do not dissent...this is no time for a Greek tragedy.
Only love, deep affection and butterfly charm you will always find,
And the song of a nightingale, carried by a pleasant Oriental wind,
That truly represents that delicate perfume in our friendship gallery.

UN DISTINTO AMANECER

Como reflejos de un alma evocadora,
Los hemos conocido ya radiantes,
Con sus tonos naranja dominantes
En la alegre y risueña Primavera.

Otros, en cambio, pesados, de plomo,
En un oscuro cielo invernal y sin antorchas,
Tras la coloración de las cosechas
Que, con su poderoso pincel, nos obsequió el Otoño.

Igual hay otros, que preside Venus,
Como abanico del antiguo Dios Sol
Que invita a andar y andar los caminos.

En eterno suspirar que augura el cálido estío,
Mientras en lontananza que añoramos,
Divina surge la luz del Verano.

ASOMO AL OTOÑO EN EL NORTE

Como quiera que aún los muchos miles de hispanoamericanos que viven o han vivido en Miami desconocen las características típicas del Otoño, me permito un breve bosquejo de este período del año, entre el Verano y el Invierno.

Desde su inicio, a fines del mes de septiembre, pueden observarse en la punta de las ramas de algunos árboles las primeras pinceladas de colores amarillos, anaranjados, liláceos y rojos dominantes. Este fenómeno natural impresiona poderosamente a quienes no lo viven en nuestras latitudes, donde no solamente no existe el Otoño ni el florecimiento totalmente abarcador y simultáneo de la Primavera, sino que, menos aún, el crudo Invierno y las fuertes nevadas.

Esas pinceladas iniciales del Otoño constituyen el anticipo de un paisaje multicolor que se va extiendiendo gradualmente por todo parque, avenida y terreno boscoso, hasta escalar las montañas que, cuanto más extensas, ofrecen mayor contraste y colorido, antes de la caída progresiva y simultáea de la hojas. La excepción? Los árboles, arbustos y pequeñas plantas denominados siempre-verdes, o "evergreen" en Inglés.

Se trata de la época de cosechas, frecuentemente de lo que se siembra desde el año anterior, cuando muchas semillas se mantienen bajo tierra durante el frío Invierno, esperando la Primavera, con su clima más benigno y con más horas de sol, para su germinación y exuberante desarrollo.

Ahora se celebrarán la ferias típicas de la vendimia y aquéllas a que dan lugar las cosechas de manzanas y otras frutas. Con reinas y desfiles por las calles, sobre todo en poblaciones próximas a las mayores áreas de cultivo, se instalan kioscos para ofrecer desde uvas y vinos hasta la diversidad de jaleas y mermeladas a base de manzanas y frutas variadas.

A veces el clima resultará muy benigno y con brisas que nos recuerdan a Boquete y Cerro Punta. Sin embargo, otras veces los "frentes fíos" provenientes de Canadá y los llamados "Siberian Express", nos obligarán a cambiar nuestros abrigos ligeros ("sweteres") por prendas de vestir más o menos abrigadas y hasta invernales.

Al mismo tiempo, las horas en que alumbra el poderoso Ra se hacen cada vez más cortas y, viceversa, las noches son más largas. Para el final del mes de octubre, desde cuando no existía el alumbrado de las calles, se celebrará anualmente la "Noche de Brujas" ("Halloween", en Inglés). La imaginación de los niños les permite ver brujas volando en escobas en un cielo que refleja el antiguo temor, comparable entre nosotros, por la tulivieja y los "hombres sin cabeza", que todavía recuerdo como nos asustaban al final de ciertos oscuros callejones de nuestros pueblos interioranos.

Así también, ya para noviembre, las familias se movilizan y viajan grandes distancias en estos países-continente, Canadá primero, y los Estados Unidos después, para celebrar juntos la fecha más importante en el calendario festivo del Norte del Continente, y que conmemoran por igual todas las religiones extensivamente practicadas: El Día de Acción de Gracias, en conmemoración de la primera cosecha lograda por los "Pilgrims", con la colaboración de los indios, tras su primer desembarco permanente en Nueva Inglaterra… allá en los comienzos del Siglo XVII, más de cien años después de los primeros descubrimientos de Cristóbal Colón.

LOS INVIERNOS QUE HE CONOCIDO

Hemos visto flotar el encanto invernal y jugar la ventisca y la brisa
En las cortas horas de luz solar y largas noches de crudo Invierno
Tras esas tormentas que cubren con copos el paisaje refrigerado
Y limitan al que se moviliza para trabajar, con nieve a la rodilla.

Mientras en las noches apacibles y de una honda paz divina,
Propias para meditar y hasta, en silencio, infinitamente soñar.
Y así olvidamos que mañana será preciso el afanoso desnevar
Mientras acudimos a esas velas multicolores y delicado aroma.

Pero recordemos que hasta con aguanieve o simple lluvia normal
Permanecerán en todas partes montañas que escalar.
Es el sino de la vida que la naturaleza toda nos quiere enseñar

Que con o sin instrumentos complicados ni equipos para esquiar
Habremos de contemporizar con aquella ventisca proverbial
Que la vida siempre nos impone para luchar y triunfar.

LA PRIMAVERA EN LA CERCANÍA A LA CIUDAD DE WASHINGTON

En lo humano, vegetal y animal… la vida toda renace.
En medio de la abundante arboleda todavía sin hojas,
Que despojó el frío Invierno y su vendaval de nieve;
Mientras ahora apreciamos pájaros cardenales en vestimentas rojas.

Y en los extremos de muy tiernas ramas, apenas
Despuntan colores pasteles, anaranjados y rojizos.
Anticipando el amarillo limón de las primeras hojas,
Que preceden flamantes y hermosas rosas en sus copos.

Despuntan por igual arbustos y árboles frutales,
Los que en Agosto regalarán su producción tentadora.
¿Qué de extraño ha de tener entonces…

Que chimeneas revelen la existencia humana,
En muchas partes, y en tal marco de providencia,
Para que, cada año, renazcan entrañables amores?

¡ENTRE CORRUPTOS ABOGADOS TE VEAS...SÍ SEÑOR!

Entre corruptos abogados te veas...sí Señor.
Aunque tú seas verdadero hombre de leyes, no hay perdón,
La Historia ofrece, hasta decir no más, los ejemplos;
Maldición gitana...aún en florecimiento y verdor.

Nada que ver con el cocido español.
Aunque del mismo nombre, mas no sabor.
"La Olla Podrida" con carnes en temblor,
A menos que la conciencia tenga pudor.

Sabemos que algunos médicos psiquiatras,
De tanto tratar con locos, balbucean...
Y hasta, sin serlo, parecen matracas.

Igual que malos penalistas, en todas partes, alegan
A favor de mentes decadentes, podridas y cínicas,
Mientras ciegamente embisten lo que respetar debieran.

Panamá, Julio de 2008

EL SUICIDIO (¡Más preguntas que respuestas!)

Primera Parte: Antes

¿Acaso es en verdad posible cambiar por cuenta propia nuestra mente?
¿Depende ello, me pregunto, de la voluntad o los genes solamente?
¿Incluye la vida, sin despertar siquiera, esperanzados y utópicos sueños?
¡Pero el vocablo "imposible" no existía para un Napoleón Bonaparte!

¿Puede ser, por otra parte, realmente cierto
Lo que nos dice Milton en El Para Perdido?
En cuanto a que la mente puede, por sí sola,
¡Transformar el Infierno en Gloria y ésta en Infierno!

Ausente el hambre o una enfermedad incurable,
Tal vez han fallado los amigos de siempre.
O faltó el amor divino o conservador ideal.
Mas nunca sabremos la nostalgia del ausente.

¿Y qué muro puede dividir a los amantes de ayer?
Ni el frío que se deshace tras un brillante amanecer
Con los rayos de éste, a la vez nuevo y eterno sol,
Mientras despertamos y volvemos a renacer.

Es cierto que, a veces, pareciera que nada ocurriera positivo
Al enterarnos de las noticias por todo canal publicitario.
Cuando, en verdad, los periódicos tendrían que ser muy gruesos
Si nos informaran, regularmente, de lo bueno que sucede a diario.

¿O como nos dice el Santo de Asis, lo necesario nos lleva a lo imposible?
Pero la verdad es que nunca sabemos los límites de nuestra mente
Ni en la positiva gratitud e inspiración que a veces nos llena,
Como tampoco en el pesaroso arrepentimiento del alma en pena.

Segunda Parte: Después

¡Limitemos hasta donde sea posible el campo de nuestros proyectos!
Con la seguridad y confianza de que no serán perdidos nuestros esfuerzos,
Pues, en las buenas y en las malas, lecciones hemos de aprender
Y nuestra actitud personal hace la diferencia al alcanzar los estribos.

¿Será siempre la paciencia el secreto de la naturaleza?
¿Podremos olvidar el pasado y el futuro para vivir el presente?
Sabiendo que la luz del día siempre sigue a la noche
O que el agua superficial de los ríos al mar profundo llega.

A veces, lo sabemos, logramos nuestras metas después de la muerte.
Pero el triunfo se alcanza, también, después de fallar continuamente.
Más todavía, se afirma que es bueno fallar temprano y fuerte,
Aunque la niebla del camino nos dificulte escoger la vía preferible.

¿Es muy similar o muy diverso el camino al éxito o al fracaso?
¿Puede acaso vislumbrarse la diferencia después del recorrido?
¿Qué diferencia nos alumbraba acaso desde una temprana edad?
¿O son las circunstancias personales lo que determina el resultado?

¿Qué decir del clásico reflejo condicionado, por Pavlov demostrado?
Quizá, con el mero sonar de una campanilla, anticipando el resultado.
O, en el extremo opuesto, ¡aprender a aceptar lo que no podemos cambiar!
Sabiendo el creyente poner en manos de Dios lo que en vano se intentó.

¡En el fondo, nunca hubo nada más positivo que decidir que es éste el momento!
Justamente este momento, como si todo es posible, con la debida dedicación y empeño.
Aunque tropecemos y caigamos muchas veces, sabiendo que la única alternativa
¡Es volver a levantarse, una y otra vez, sin olvidar ni renunciar al Norte nuestro!

ES LA VIOLETA TÍMIDA…. LA QUE ME GUSTA

Con motivo de la muerte de la hija entrañable de un amigo
Quiso Dios que para siempre tú fueras
eterna, imperecedera…entre las flores más bellas

Porque prefieres beber el néctar divino
Que decanta un añejo y mejor vino

Escapas del Laberinto Ruidoso
Alejada del mundanal peligro

Como sordina cadenciosa
Al final de una encantada trompeta

Y preferiste de una esquina el abrigo
Para proteger de tus pétalos su retraimiento

Como si la magia del delicado color y peculiar tono
En una violeta pudiese, sin desearlo, inundarlo todo.

SONETO FE Y CONFIANZA

En cualquier parte del mundo
Me siento más que seguro
De que puedo sobrevivir
Y superar un inesperado obstáculo.

¡Qué sobrehumana sensación!
Aprendida de padres dedicados a la educación
Y que hoy puedo repetir en el exilio
Lejos de los míos y de mi profesión.

He conocido sin duda medio mundo
Y creo haber en todas partes comprendido
De la humana existencia, no obstante, los altibajos.

Que al comienzo de la República, con amplio saldo de expectativas y esperanzas,
En nuestra hasta entonces ausente educación pública, nacionales y extranjeros nos han dado
Ese noble y ancho horizonte, con ética y disciplina, magnánimo y ofrecido a manos llenas.

LA EDAD MADURA Y SUS LECCIONES

¿Qué escribes ahora, buen hombre? ¡Tal vez lo puedo imaginar!
¿Otro libro, por casualidad? ¿La madurez te ha alcanzado?
¿No sabes que caminamos hacia un mundo sin libros, acaso?
Lo comprendo, pero por él, sin embargo, no quisiera transitar.

Rodeado de volúmenes clásicos, como tal ves debe ser
Por su universalidad, hasta su ubiquidad he procurado preservar.
Sé que los buenos textos nunca son largos ni nos cuestan cargar.
Y, alejándome de ficción, mis propios Ensayos deseo enriquecer.

A quienes interesen temas esenciales dirijo mis argumentos
Sobre el orden, la tolerancia, la tenacidad, la paz y los amores,
Que remontan las generaciones con renacimientos particulares.
Vislumbrando, tras largas faenas, verdaderas coronas de mirtos.

Después de los plenos y numerosos calendarios transcurridos,
Reflexiono sobre lo que, varias vidas en una, parecen ser.
Con verdaderas rememoranzas de algún particular acontecer.
Y, tras largas faenas, logramos visualizar esas coronas de mirtos.

Después de calendarios transcurridos y, como digo, numerosos,
Reflexiono sobre o que, esas varias vidas en una, parecen ser,
Mientras he tenido la experiencia dichosa de permanecer
Dentro de esa fortaleza inexpugnable de ideales aprendidos.

Ya que a todos nos sucede, vendrían tiempos con nubes negras,
Prolongando largas noches que opacaban la visión del porvenir,
Mas, al despertar, aves multicolores nos regalaron sus trinos sin fin.
Y, con Alfas y Omegas, amaneceres de alegrías verdaderas.

La vida así me permitiría llegar a diversas playas interesantes,
Con gentes diversas e independientes, de culturas diferentes.
Y si hoy debo controlar la presión antes de abrazar un recuerdo,
No me abandona el horizonte de la vida, inquisidor y socrático.
¿Cómo impedir que la memoria traiga, siempre grato, el recuerdo
Cuando, con altura de miras, estudiaba el universal Derecho?
¡Como de seguro debe ser!

¡Y cómo olvidar la tarde, cuando un profesor admirado y excelso,
En la Facultad, por mi muy honesto abuelo paterno, me felicitó?
¡Aunque bien pudo resultar igual por el materno,
Cuyo nombre lleva la escuela de su nativo y coclesano pueblo!
Triunfos y representaciones con el tiempo se acumularían.
Del primer premio a mi tesis en Panamá a una beca de Inglaterra.
O la representación legal del colega que en la ciudad era cabeza
Por cierto del mayor bufete, hasta biografías que me honrarían.

Valga la pena recordar cómo mientras existen otras profesiones
Que guardan celosamente, de sus miembros, las reputaciones.
Existen medio-abogados que prefieren enlodarlas impunemente
Reflejo de equidistancia entre el colega sin moral y el excelente.

Como romántico sin remedio, igual pasaron los años.
Reflejo de ser yo y mis humanas circunstancias,
Y apreciando, a cada paso, la poesía en todas sus formas,
Pero siempre abrazada a superiores sentimientos.
¡Como también debe ser!

Todo al mismo tiempo en que lograba navegar mi propio velero.
Sin aceptar, eso sí, ni el yugo de la tiranía ni ceder a su atropello.
A la vez que celebraba recorridos de Canadá a Chile y Argentina,
Y, de la norteña Escandinavia a Italia y España al Sur de Europa.

Al negar aquel absolutismo, con el cual tentarnos trataron.
Pero ni con halagos ni amenazas, la frente nos doblegaron
Pues comprendíamos que hay que resistir las dictaduras.
Que igual se presentan risueñas o con horribles amenazas.

He llegado a disfrutar longevidad y buena salud en la vía
Con pilotaje firme, fuerte y seguro a lo largo de la travesía.
Pero, al igual que el dogmatismo de variado signo,
Siempre el omnímodo totalitarismo he denunciado.

Regímenes que, por naturaleza, nos llegan con sus odios
Sin que medie en la partida comprensión ni entendimientos,
Y que igual avanza pisoteando la dignidad de todos a su paso.
Tajante e ilimitado, con su nefasta predilección por el capricho.

Hijo de la violencia, nos llega el Estado Policía,
Sin honores posibles que merezcan su ascenso,
Ni escala de valores a los cuales responder podría.
¡Qué pocas alternativas cuando se nos bifurca el camino!

Bien sabido es que quien se acostumbra a vivir de rodillas,
Le llega el momento en que no se puede levantar,
Pues su alma lleva el signo de un usual transitar,
Ni es más posible escoger, de cara al futuro, buenas semillas.

Al aceptar el camino menos favorecido, he tenido que sembrar
Mientras escalaba la montaña con esfuerzo sostenido.
Siendo, a un mismo tiempo, estoico ante el infortunio inmerecido,
A la vez que preparaba lo que siempre consideré digno respetar.

En horas bellas de encanto se tornaría la persecución y los celos.
Mientras la vieja y bíblica ruta del exilio, valientemente tomaba,
Y como Hércules, la hidra multicéfala hubo de ser enfrentada,
De la mano imaginaria de nuestros padres y abuelos.

Sobre el hogar, el estudio, el trabajo y la comprensión
A nuestros vástagos, desde siempre, procuramos ofrecer lección.
Apoyados en lo posible por la mejor biblioteca personal
Y hoy, fieles a sus sueños perseveran, como auténtico panal.

A la vez que rememoro la grandeza de un Amado Nervo,
Acuden a la memoria momentos de gratitud por lo vivido.
Y, en medio de ellos, siempre radiante el brillo de la libertad,
Igual que recuerdo del viejo terruño donde reinaba amistad.

Si bien no siento el peso de los años, por ser heredero de salud,
Bien sé que la quimera, tras el encanto se deshoja.
Endulzada por cupido al costado de la favorable paradoja,
Como horizonte que no se desdibuja, y con presencia de un alud.

Ya como un epílogo, antes de completar la jornada,
Llegada la hora, hoy estamos razonablemente seguros
Que, como protección al corazón, cruzaremos los brazos
Y abrazaremos la almohada como escudo en la existencia.

Amigos todos: ¡Cantemos al unísono a la vida!
Unos en nombre de Dios, otros de la Naturaleza,
Porque hasta puede suceder que, unidos, lleguemos a intuir
Que sólo siendo pobre se es rico y muriendo se logra vivir.
¡Como bien puede suceder!

LA TRISTEZA DE LA SOLEDAD

La soledad tiende a entristecer,
Aún cuando la culpa sea nuestra
Ni el santo remedio pueda ser
Una temporal grata compañía.

Nuestra naturaleza es gregaria
Y contra natura nada vale
Pero es frecuentemente la distancia
La que acaso mayormente prevalece

Pero la distancia es personal y relativa
Con respecto a una persona especial
Y esa distancia hace más bella la distancia
Y el recuerdo más brillante y especial

Nuestras campanas retumban sonoras
Y el tronco de un árbol más íntimo
Mas qué decir de un ser amado
A cuya distancia siempre añoras.

Cuando una noche larga y fría
Me llegó por la ventana
El rasgar de una guitarra
Que el terruño perdido lloraba.

GLORIA AL HIMNO AL MAESTRO

Gloria al ser abnegado sí
Pero siempre que reconozca
Que lo principal es siempre
El alumno expuesto a su guía.

No se trata de un gendarme,
Con razón o sin ella,
Para el cual el orden
Es lo que cuenta.

Es el libro su bíblica estrella
Lo que conduce hacia la redención,
En la escuela su campo de guerra,
Mientras va triunfante y con admiración.

Es el error humano el enemigo siniestro
Que a todos cabe siempre por igual
Cuando realmente buscamos
La verdad sobre lo malsano y fatal.

Figure 1.   Author, as student, in front of the London School of Economics